SPIRiTS ワークブック

パーソナル・リカバリーを支援する

著

安藤　久美子
中澤　佳奈子
佐藤　美智子

星和書店

序　文

（このワークブックを使用される支援者の皆様へ）

Ⅰ．はじめに

どうして性犯罪治療プログラムなの？

　みなさんはご存じでしょうか。実は，わたしたちの身の周りで発生する「犯罪」は2003年以降，急激に減少しており，2021年の犯罪発生率をみてみると，日本で犯罪の統計が集計され始めた1945年以降，最も低い数値となっています（図１　※一般刑法犯の検挙人員から推定）。しかし，そのような犯罪全体が減少しているなかで，ひとつだけ違った動きをしている犯罪があります。それは「性犯罪」です。たくさんの犯罪のなかでも「性犯罪」だけはむしろ増加傾向にあるのです。

性犯罪の特徴は？　被害の大きさは？

　性犯罪は，ほかの犯罪よりも再犯者率（再犯者率とは，“検挙人員に占める再犯者の人員の比率”のことを指します）が高いことが知られており，過去に性犯罪を行った加害者が，繰り返し，同じような性犯罪を起こしやすいといわれています。その一方で，性犯罪は人としての尊厳を踏みにじる悪質な犯罪であり，性犯罪の被害に遭った人は，その１回の被害で一生苦しみます。それゆえ，被害者に非常に大きな苦悩を与え続ける「性犯罪」を一件でも多く減らしていくことは，社会全体で取り組むべき重要な課題であると考えています。

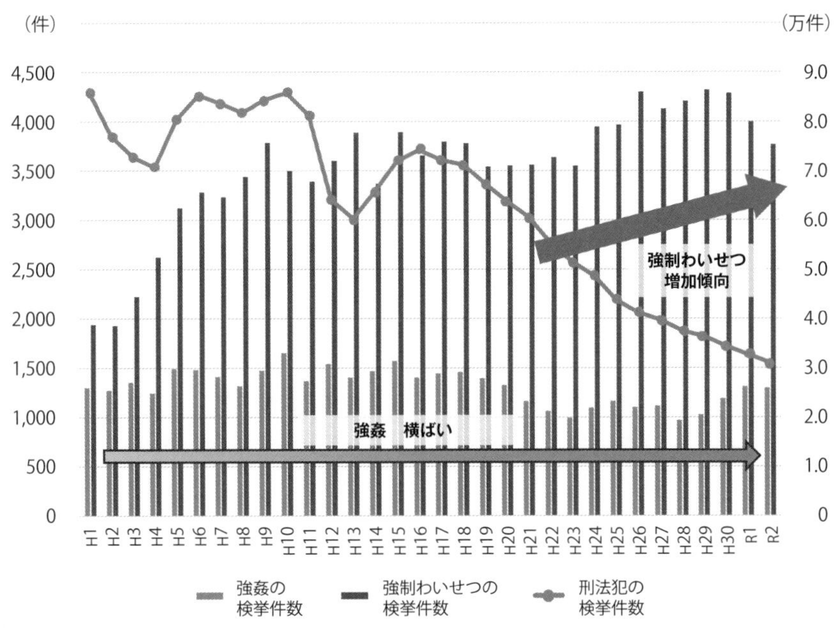

図１．性犯罪の検挙件数および刑法犯の検挙件数の推移

（令和３年版犯罪白書第１編第１章第１節を基に作成）

Ⅱ. SPIRiTS――開発からコンセプトまで

日本でも性犯罪者の治療は行われているの？

わが国では，2004年に起こった児童を対象とした痛ましい性犯罪事件を契機に法務省が性犯罪に特化した矯正プログラムを立ち上げ，2006年からは刑務所や保護観察所等の矯正施設においても，性犯罪者を対象とした再犯防止のための治療プログラムが導入されています。

しかし，多くのプログラムは障害のない人を対象としているため，知的障害や発達障害のある加害者にも実施可能な治療プログラムはごくわずかでした。また，地域社会においては，福祉サービス内において医師や心理士などの専門家でなくても実施できるプログラムはありませんでした。一方で，何らかの障害のある対象者による性犯罪は，小児や知的障害者などの社会的弱者が被害の対象になりやすく，さらには行動がパターン化しやすいといった特徴もあるため再犯につながりやすいことが知られています[1)]。そこで，障害のある対象者にも取り組みやすいプログラムを開発し，地域の社会福祉サービスのなかで実践していくことが早急な課題であると考えました。

SPIRiTSって？

そのような目的をもって，このたび私たちが開発した性犯罪加害者のための治療プログラムがSPIRiTSです。SPIRiTSとは，Sexual Offender Preventive Intervention and Re-integrative Treatment Schemeを略したもので，日本語では「性犯罪加害者の再犯防止と再出発のための治療スキーム」です。このプログラムには，以下のようなたくさんの利点があります。

①知的障害や発達障害のある者でも取り組みやすい内容になっています
②性犯罪の専門家でない多職種の方が実施するためのプログラムです
③通常の福祉サービスの環境のなかで実践できます
④対象者のニーズに合わせて，個別でもグループでも利用可能です

これまでの治療プログラムとの違いは？

SPIRiTSのワークブックを開いていただくと，たくさんのイラストによって構成されていることがわかります。視覚的な支援を重視し，イラストを見ただけでも理解できるように工夫することで障害のある人にもわかりやすい内容になっています。また，これまでは海外で開発されたプログラムが利用されてきましたが，日本の風土や生活慣習にはそぐわない面がありました。さらに，社会福祉的な制度や支援体制も海外とは異なるために，そのままの形で導入することは困難でした。だからこそ，わが国の文化とニーズにあったオリジナルの治療プログラム“SPIRiTS”が必要だったのです[2, 3)]。

実際に使用した例はありますか？

本プログラムは汎用性についても重視しており，障害のない対象者にも，障害のある対象者にも使用可能です。実際に，長崎県内の福祉施設の皆様にご協力いただいて，初期版 SPIRiTS を使用したパイロット試験を終えています。パイロット試験では，プログラムの脱落者は一人もおらず，6 人全員がプログラムを終了することができました。また，ファシリテーターはすべて施設のスタッフが担当・実施し，専門家でなくても実行可能なプログラムであることが実証されています。なお，スタッフの皆様からは，とてもわかりやすく，普段の支援にも活用できる部分があると高い評価をいただきました[4, 5]。

Ⅲ. SPIRiTS が目指すもの

本プログラムのコンセプトは，「性的知識の教育」「社会的コミュニケーションスキルの教育」「認知の歪みの修正」「被害者への共感性の向上」「マインドフルネス／ ACT」「リラプスプリベンション」「グッドライブズモデル」からなる 7 本の柱（図 2）で構成されています。これら 7 つの柱には，性に関する正しい知識や社会的ルールを正しく理解してもらう，社会性の向上，性加害行動に対する認知の変容，自尊心の向上，そして被害者の気持ちについても学び，最終的にはその個人にあった実現可能な目標設定（具体的な将来設計）を立てられるようにするねらいがあります。また，支援者・支援体制の構築を図っていくことも重要なねらいとしています。

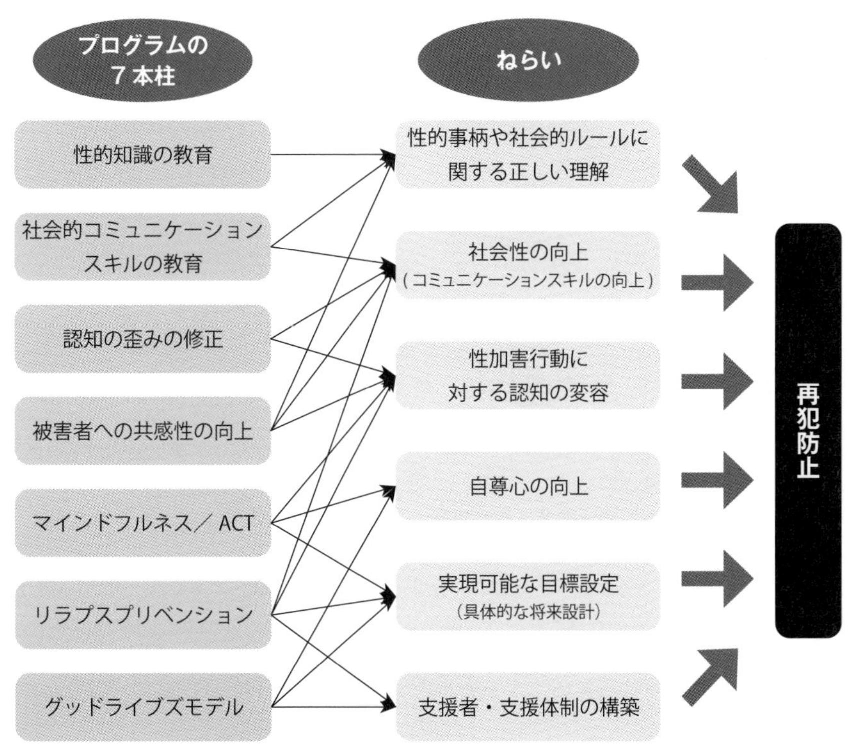

図 2. SPIRiTS の 7 本柱とねらい（文献 6 を翻訳）

本プログラムの７つの柱が機能することにより，性犯罪や性的虐待行為の再犯防止につながっていきます。

なお，本プログラムは，若年〜青年向けに作成しており，知的障害や発達障害の特徴のあるメンバーも理解しやすい内容となるよう工夫していますが，参加メンバーによって，適宜，アレンジしていただいても構いません。

本書を手にとっていただいた皆様と協力し，プログラム対象者の再犯防止と社会への有効な再統合を目指した支援をしていきたいと思います。そうした一人ひとりへの働きかけが，将来的には性犯罪をなくし，平和な社会への一助となることを願っております。

文献

1）安藤久美子：少年犯罪と発達障害．司法精神医学講座，第３巻司法精神医学・精神鑑定，253-266．中山書店，東京，2006.

2）安藤久美子：我が国における性犯罪者治療の今——性犯罪者の治療介入アプローチ：SPIRiTSの開発と実践——．犯罪学雑誌 84（6），161-170，2018.

3）安藤久美子：わが国における性犯罪加害者治療の現状と行方．子どもの虐待とネグレクト，2021；23（3）：280-288.

4）安藤久美子：性犯罪者は治療できるのか——SPIRiTSを用いた挑戦．週刊医学のあゆみ，2021；276（9）：879-811.

5）中澤佳奈子，安藤久美子：性犯罪加害者・被害者のアセスメントと治療アプローチ．精神科治療学，33（8），965-969，2018.

6）Kumiko Ando：A treatment strategy for sex offenders in Japan. Integrative Clinical Medicine, May 29, 2020, DOI：10.15761/ICM. 1000178

このワークブックを手にとられたあなたへ

このワークブックを手にとられた背景には、きっとさまざまな理由があるのではないかと思います。法律に触れる行為に至ってしまった方もいれば、自分自身で性的な行動に関する悩みがあったり、あるいは周りの方や支援者らから勧められた方もいるかもしれません。

どのような背景であっても、あなたが今、その問題に向かい合い、自分の行動を変えていきたいと思う気持ちをもっているという事実は変わりません。そしてあなたのその勇気はとても大切なものです。

性的な問題行動の特徴として、自分の行動が相手を傷つけていることに気がつきにくいという特徴があります。ですから、もし今、あなたが自分の行動を見つめ、何か変わりたいと思っているのであれば、それはとても重要な決断なのです。その気持ちを「動機」といいます。治療への動機は、治療の効果にもとても大きな影響を与えます。長い人生の中で、あなたがこれからをどのように過ごしていくのか、その鍵を握っているのはあなた自身なのです。

（次のページに続く）

また、このワークブックの20回のセッションを通して、一番お伝えしたいことは、単に性的な問題行動をやめるということではなく、あなたがあなたの人生を幸せに送れるよう一緒に考えていくことです。ですから、このワークブックには、あなたやあなたの周囲の人が普段どのように感じているかを学んだり、あなたがストレスを感じたときに、それに対処する力をつけるセッションなども含まれています。

そして何よりも、あなたは一人ではなく、あなたの問題となる行動を一緒に見つめ、それを改善し、あなたが豊かな人生を送れるよう支援してくれる多くの支援者がいることに気づくことができると思います。

さあ、はじめましょう。

目次

第1回

プログラムを始めるにあたって

今回の目的

①グループとグループメンバーに慣れる

②ルール作りを行い，プログラムへの動機付けを高める

第1回のタイムスケジュール

（分）

プログラムの導入（5分）

☞0「プログラムを始めるみなさまへ」の説明を読む

5

自己紹介（30分）

☞1「自己紹介」を記入する（8分）

☞2「グループのメンバー」を記入する（22分）

35

1週間の振り返り（15分）

☞3「1週間の振り返り」を記入する

50

休憩（10分）

60

プログラムに参加する理由（20分）

☞4「どんなグループでしょうか？」を記入する

80

プログラムのルール決め（35分）

☞5「ルールを決めましょう」を記入、発表する（25分）

「グループのルール」を記入する（5分）

☞6「このプログラムでの約束事」7「このプログラムでお願いしたいこと」の説明を読む（5分）

115

このセッションのまとめ（5分）

☞ルール、ホームワーク、次回の予定を確認する

120

0 プログラムを始めるみなさまへ

- このプログラムは、性に関する問題を持つ方のためにつくられたプログラムです。プログラムでは、性や社会のルールを学んだり、あなたの考え方のクセを見つけていきます。そして、これから、あなたが誰かを傷つけたり、犯罪を行ったりすることなく、あなたらしい人生が送れるよう応援していきます。
- プログラムは、グループで行います。
- 1回のセッションは、2時間です。
- 1～2週間に1回、全部で20回行います。

～セッションの流れ～

» 1週間の振り返り（1週間をどのように過ごしたかを発表する）
» 前回の復習
» 休憩（10分）
» 新しい内容の学習
» まとめ、ホームワークの説明

1 自己紹介

はじめに、自己紹介をします。

ここにいるメンバーは、これから一緒に学んでいく大切な仲間です。

自分のことをよく知ってもらいましょう。

わたしのニックネーム／名前は

＿＿＿＿＿＿＿＿＿＿＿＿＿＿＿＿＿＿＿＿です

＿＿＿＿＿＿＿＿＿＿＿＿＿＿と呼んでください

好きな食べものは＿＿＿＿＿＿＿＿＿＿＿＿＿＿＿＿＿＿＿＿

苦手なもの（こと）は＿＿＿＿＿＿＿＿＿＿＿＿＿＿＿＿＿＿

趣味は＿＿＿＿＿＿＿＿＿＿＿＿＿＿＿＿＿＿＿＿＿＿＿＿＿

行ってみたい所は＿＿＿＿＿＿＿＿＿＿＿＿＿＿＿＿＿＿＿＿

100万円あったら＿＿＿＿＿＿＿＿＿＿＿＿＿＿＿＿＿＿＿＿

みなさんに一言＿＿＿＿＿＿＿＿＿＿＿＿＿＿＿＿＿＿＿＿＿

2 グループのメンバー

このグループではメンバーをニックネームで呼びます。メモのスペースには、自己紹介で印象に残ったこと（音楽が好きなど）や、その人の特徴（メガネをかけているなど）を書いておくと、覚えやすいですね。

名前	ニックネーム	メモ
さん		
さん		
さん		
さん		
さん		
さん		
さん		

3 1週間の振り返り

プログラムでは、毎回、セッションのはじめに「この1週間をどんなふうに過ごしたか」を振り返りたいと思います。

良かった出来事（嬉しかったことや楽しかったこと）や、良くなかった出来事（悲しかったことやイライラしたこと）を話しましょう。

この1週間には＿＿＿＿＿＿＿＿＿＿＿＿＿＿＿＿＿＿＿＿＿＿＿＿

＿＿＿＿＿＿＿＿＿＿＿＿＿＿＿＿＿＿＿＿＿＿＿＿＿＿がありました。

＿＿＿＿＿＿＿＿＿＿＿＿＿＿＿＿＿＿＿＿＿＿＿＿＿＿＿＿＿＿＿＿

＿＿＿＿＿＿＿＿＿＿＿＿＿＿＿＿＿＿＿と思いました（感じました）。

たとえば……

日曜日に、自分の立てた予定で過ごせなくて、
家族とケンカをした。すごくイライラした。
時間がたつと悲しい気持ちになった。

この1週間は、のんびり過ごせた。
いつもこうだといいと思った。

4 どんなグループでしょうか？

このグループは誰（だれ）のために、何（なん）のために行（おこな）うものでしょうか？

誰（だれ）のため？

何（なん）のため？

あなたは、どうしてこのグループに参加（さんか）しているのでしょうか？
考（かんが）えて書（か）いてみましょう。

わたしがこのグループに参加（さんか）しているのは

だからです。

グループのルールの例

グループのルール

❶ 人が話している時は
途中でさえぎらない

❷ ここで話したこと（聞いたこと）を
外で話さない

❸ 発表している人をばかにしたり、
責めたりしない

❹ 悩んでいる人や困っている人を助ける

❺ けんかをしない

これはルールの一例です。このような形で短くわかりやすいルールを４つほど考えて、８～９ページの「ルールを決めましょう」「グループのルール」のページに書きましょう。

5 ルールを決めましょう

みなさんが気持ち良くプログラムに参加するためにはどんなルール（約束）があればよいでしょうか。「こんなルールがあると安心する」「これはいやだ」など、思いついたことを書いてみましょう。

1. ______________________________

2. ______________________________

3. ______________________________

4. ______________________________

他のメンバーの発表を聞いて、いいな！　と思ったものがあれば、メモしておきましょう。

____

____

グループのルール

1. ______________________________

____

2. ______________________________

____

3. ______________________________

____

4. ______________________________

____

5. ______________________________

____

6 このプログラムでの約束事

このプログラムでは、守ってほしい約束がいくつかあります。

この約束を守れない時は、グループに参加できなくなることもあります。しっかり覚えておきましょう。

プログラムの約束

1.休まずに、毎回、参加しましょう。
2.プログラムが始まる時間に遅れないようにしましょう。
3.他のメンバーを尊重し、お互いに秘密を守りましょう。
4.ワークブックは大切に保管し、人に見られないようにしましょう。
5.人の話をよく聞き、自分も正直に話しましょう。

禁止事項

1.プログラムを３回以上休まない。
→休んだ時は、個別の学習が必要です。
2.自分勝手な行動をして、他のメンバーに迷惑をかけない。
3.暴力や悪口など、他のメンバーを傷つけない。
4.プログラムで話したことや聞いたことを他の人に話さない。

7 このプログラムでお願いしたいこと

このプログラムでは、ファシリテーターから説明を聞いたり、みなさんで話し合ったりすることがたくさんあります。

みなさんが気持ち良くプログラムに参加できるように、「お願いしたいこと」に書いてあることも、心がけてみましょう。

お願いしたいこと

1.お互いに敬意を持ちましょう。
（相手の気持ちを考える。誰かをバカにしない）

2.自分の考えや気持ちを正直に話しましょう。

3.他のメンバーやファシリテーターの話をよく聞きましょう。

4.話し合う時には、相手の話をよく聞いて、順番に話しましょう。

5.プログラム中は、真剣に取り組みましょう。

ルールを守って気持ち良く過ごしましょう！

ホームワーク①

プログラムの中で、みなさんが知りたいこと、期待することはどんなことでしょうか？

まずは、思いつくことを書いてみてください。

そして、その理由がわかれば記入しましょう。

●知りたいこと、期待すること①

____

理由：______________________________

●知りたいこと、期待すること②

____

理由：______________________________

●知りたいこと、期待すること③

____

理由：______________________________

第2回

こころとからだの成長と性の健康

今回の目的

①からだの器官の名前や働きを理解する

②正しい性行為と性感染症について知る

第2回のタイムスケジュール

(分)

1週間の振り返り（10分）

☞この1週間の出来事を共有する

10

前回の復習・導入（25分）

☞前回の復習（ルール・グループへの動機付けの確認）(12分）をする

☞ホームワークを確認・共有する（12分）

☞第2回の目的を確認する（1分）

35

からだのことを知ろう（24分）

☞❶「からだの器官の名前と働き」を記入する（8分）

☞❷「おとなへの変化」を記入する（6分）

☞❸「女性のからだ」の説明を読む（4分）

☞❹「マスターベーション（一人エッチ）」の説明を読む、性行動についてのアンケートに回答する（6分）

59

休憩（10分）

69

性行為と性感染症（43分）

☞❺「自由と責任」を記入、説明を読む（8分）

☞❻「性行為とは・性行為によって起こること」を記入する（8分）

☞❼「妊娠と避妊」を記入、説明を読む（7分）

☞❽「性感染症とは？」❾「安全なセックスと危険なセックス」の説明を読む（12分）

☞❿「まとめのクイズ」を記入する（8分）

112

このセッションのまとめ（8分）

☞第2回のまとめ、ホームワークと次回の予定を確認する

120

付録 性行動についてのアンケート

1 からだの器官の名前と働き

「性」について考えていくためには、男性と女性のからだについて、正しく知っていることが大切です。

下の絵を見ながら、からだの器官（一部分）の名前と働きを考えてみましょう。

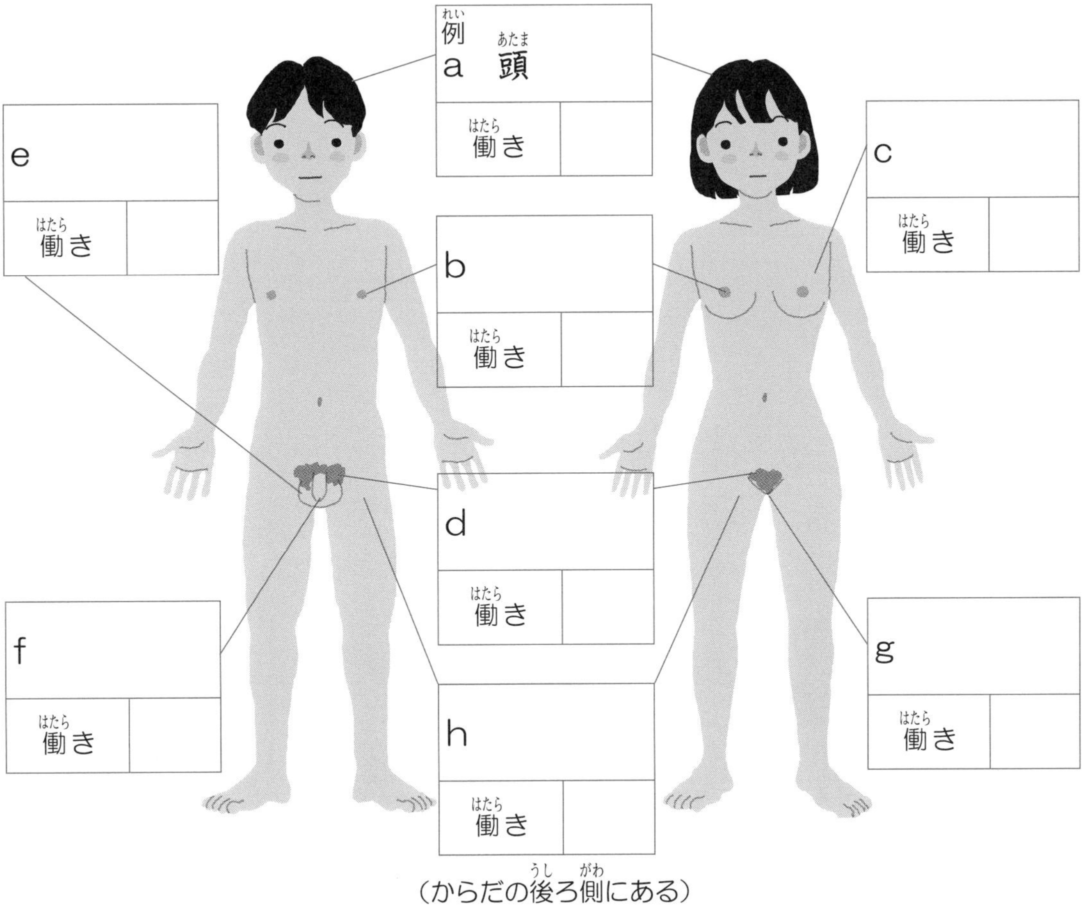

例 a 頭
働き

e
働き

b
働き

c
働き

d
働き

f
働き

g
働き

h
働き

（からだの後ろ側にある）

［働き］

①からだに指令を出す　②母乳を作る乳腺がある

③大便を出す　④子どもが生まれるところ　⑤精子をためる

⑥女性は母乳を出す　⑦精液や尿を出す　⑧性器を守る

2 おとなへの変化

おとなになる（成人する）につれてこころもからだも変わっていきます。それぞれの年齢ではどんなことが起こるか、考えて書いてみましょう。

年齢	～9歳	10代	20代～40代	50代～
からだ	・歩いたり走ったりできるようになる ・どんどん＿＿＿＿が大きくなる（発達する）	〈男の子〉 ・ヒゲが生える ・声が低くなる（声変わりする） ・＿＿＿＿を経験する 〈女の子〉 ・胸がふくらむ ・＿＿＿＿が始まる	〈男性〉 ・からだつきが＿＿＿＿する（＿＿＿＿がつく） 〈女性〉 ・＿＿＿＿する	・シワができる ・体力が落ちる
こころ	・＿＿＿＿に頼っている ・友達や仲間をつくる	・＿＿＿＿が始まる ・＿＿＿＿に関心が出てくる	・＿＿＿＿する（一人前になる） ・仕事や家族に対する責任（感）を持つ	・これまでの人生について振り返る

3 女性のからだ

女性のからだの中には、妊娠や赤ちゃんが生まれてくるまで育てる器官があります。それぞれの名前と働きを見てみましょう。

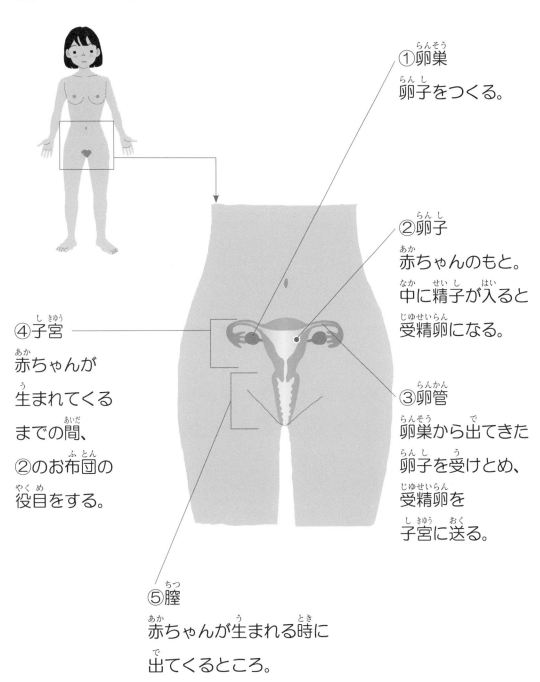

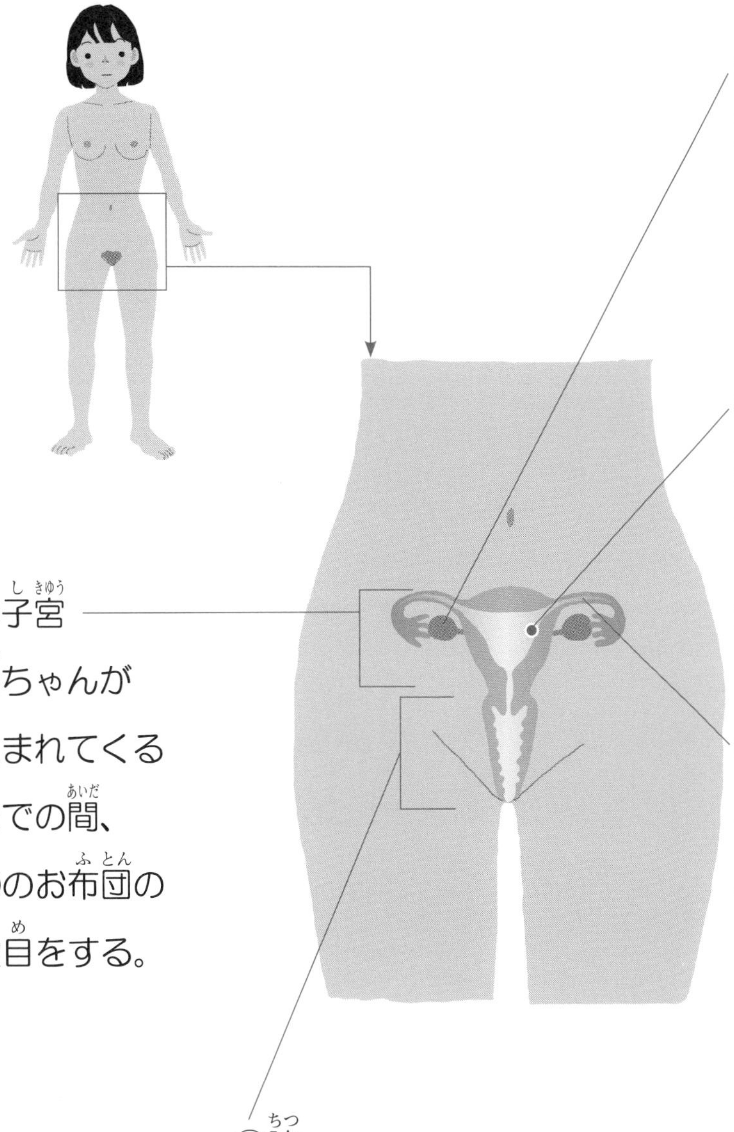

①卵巣
卵子をつくる。

②卵子
赤ちゃんのもと。中に精子が入ると受精卵になる。

③卵管
卵巣から出てきた卵子を受けとめ、受精卵を子宮に送る。

④子宮
赤ちゃんが生まれてくるまでの間、②のお布団の役目をする。

⑤膣
赤ちゃんが生まれる時に出てくるところ。

4 マスターベーション（一人エッチ）

10代になると、性的なことに興味が湧くのは自然なことです。自分で自分の性器をさわって気持ち良くなるマスターベーション（一人エッチ、自分タッチ）をすることは、悪いことではありません。

特に男性にとっては、健康を保つために大切なことです。

しかし、ここにもルールがあります。悪いことを思い浮かべながらマスターベーションをしたり、他の人のいるところや外や街中で自分の性器を見せたりさわったりすることは、絶対にしてはいけないことです。

してもいい一人エッチ

» 部屋に一人でいる時
» トイレの個室にいる時
» 一人でお風呂にいる時
» 手がきれいな時

など

してはいけない一人エッチ

» 外・街中にいる時（公共のトイレもよくありません）
» 温泉や共用のお風呂にいる時
» 痴漢などの悪い想像をしている時
» 手が汚れている時

など

性行動についてのアンケートに回答してみましょう

5 自由と責任

おとなになり、こころやからだが成長するとともに、自由にできることや、やってもよいことが増えていきます。おとなになるとできるようになることに○をつけてみましょう。

（　　）結婚する	（　　）夜ふかしする
（　　）人の悪口を言う	（　　）セックスをする
（　　）タバコを吸う	（　　）コーヒーを飲む
（　　）車を運転する	（　　）お酒を飲む

※この中には法律で決まっていることがあります。

しかし、自由と責任はいつもセットになっています。自分の好きなように行動をして、周りの人に迷惑をかけてはいけません。「おとなになる」というのは「自分のやったことに責任を持つようになる」ということなのです。

【無責任な行動の例】

- 子どもを育てられないのに妊娠する
- 公共の物を壊して逃げる
- タバコを吸ってポイ捨てする
- 家に引きこもって部屋の中で騒ぐ

など

6 性行為とは・性行為によって起こること

おとなになると、好きな人とのコミュニケーションの一つとして、相手と気持ちが一致していれば性行為をすることがあります。こうした「性行為」には、どのようなことが含まれるのでしょうか。当てはまるものには○を、場合によって当てはまるものには△を書いてみましょう。

（　　）キスをする	（　　）相手の胸にさわる
（　　）相手の性器をさわる	（　　）自分のおしりをさわらせる
（　　）自分の性器を見せる	（　　）男性がペニスを膣に入れる
（　　）相手を抱きしめる	（　　）エッチなことを言う

性行為とは、セックスをする（ペニスを膣に挿入する、射精する）ことだけではありません。自分と相手のからだを密着させたり、性器を見たりさわったりすることも性行為に含まれます。

では、性行為をしたらどんなことが起こるでしょうか？

※密着：物と物がしっかりとくっついている状態

性行為によって起こること	
良いこと （例：愛情が深まる）	注意すること （例：相手を傷つける）

7 妊娠と避妊

たった一度のセックスでも、女性は妊娠することがあります。妊娠を望んでいなかったり、子どもを育てられないのであれば、妊娠しないように避妊をしなくてはいけません。望まない妊娠は、あなたや相手の女性、あなたの周りの人を苦しませることになります。望まない妊娠でどんなことが起こるか考えてみましょう。

望まない妊娠で困ること

» 子どもを育てるためにたくさんのお金が必要になる
» 人工中絶*すると女性は妊娠できなくなってしまうかもしれない

*手術などによって、生まれる前に赤ちゃんを外に出してしまうこと

女性が妊娠しないための避妊の方法には、次のものがあります。しかし、絶対に妊娠しないとは言い切れません。

避妊の方法

男性	女性
» コンドームを使う	» 子宮の中に器具をつける » 毎日、薬（ピル）を飲む » 性行為の後、72 時間以内に薬を飲む

※コンドームを使わずにペニスを膣に入れると、たとえ膣の外に射精しても、妊娠することがあります！

8 性感染症とは？

性感染症とは、性行為をすることでうつる病気のことです。1回でも性行為をすれば、誰でもうつる可能性があります。性感染症にはいろいろな種類があり、すぐに症状が出ないものもありますが、治療しないのは危険です。

【性器クラミジア感染症】

若い人に一番多い性感染症。不妊の原因にもなる。

- 男性：尿道に痛みやはれ、かゆみが生じる。
- 女性：症状に気づかないこともある。

【淋菌感染症（淋病）】

クラミジアの次に多い。（特に男性）

- 男性：尿道からうみが出る。かゆみや激しい痛みがある。
- 女性：症状がないことも多い。

【梅毒】

若い女性に増えている。

- 男性も女性も、体中にあざやできものができる。放っておくと内臓や脳に障害が出る。
- 妊娠中の赤ちゃんにうつることもある（母子感染）。

【HIV／エイズ】

性行為でうつる人が増えている。

- HIVにうつって何年か後に、免疫（からだを守る力）が弱くなり、エイズを発症する。
- 早く検査をすれば、エイズを発症しないようにできる。

まとめ

- 性器やその周りに、かゆみや痛み、しっしんなどが出る。
- 生まれてくる子どもにうつることがある。
- 放っておくと、内臓や脳に悪い影響が出ることもある。
- 不妊（赤ちゃんができない）の原因になる。

9 安全なセックスと危険なセックス

セックスには、安全なものと危険なものがあります。

望まない妊娠や性感染症を防ぐためには、安全なセックスをしなければいけません。

安全なセックス

- 決まった相手（恋人や結婚相手）とだけセックスをする。
- 性感染症の検査を受けてからセックスをする（相手が性感染症にかかっていないと知っている）。
- 避妊をする（コンドームを使う、など）。
- 自分や相手の部屋、ホテルなど、清潔で人の来ない場所でセックスをする。

危険なセックス

- いろんな人とセックスをする。
- 避妊をせずに（コンドームなどを使わずに）セックスをする。
- 初めて会った人とセックスをする。
- お酒をたくさん飲んだり、ドラッグを使ってセックスをする。
- 不潔な状態や場所でセックスをする。

10 まとめのクイズ

正しいことには「はい」、間違っていることは「いいえ」のところに○をつけてみましょう。

①恋人に自分の性器を見せることは性行為だ

はい　　いいえ

②コンドームを使ったら絶対に妊娠しない

はい　　いいえ

③性感染症にかかると、必ず具合が悪くなるのですぐわかる

はい　　いいえ

④自分で自分の性器をさわること(マスターベーション)は性行為だ

はい　　いいえ

⑤性感染症は人にうつる

はい　　いいえ

⑥女性は、中絶*してもからだに悪いことはない

*手術などで赤ちゃんを外に出す

はい　　いいえ

⑦１回でも性行為をすると、子どもができることがある

はい　　いいえ

⑧性感染症は、病院に行かなくても自然に治る

はい　　いいえ

⑨温泉や銭湯で、周りに誰もいなければ一人エッチをしてもよい

はい　　いいえ

⑩恋人などの決まったパートナーとの性行為は、性感染症にかかる可能性が低い

はい　　いいえ

⑪性感染症は、何年も経ってから症状が出ることもある

はい　　いいえ

⑫小さい子どもと性行為をしていることを想像しながら、一人エッチをしてもよい

はい　　いいえ

正解した数　　個

第2回のまとめ

- おとなになると、お酒を飲んだり、結婚したり、いろいろなことができるようになります。でも、自分のしたことには責任を持たなくてはいけません。
- 性行為は、セックスをすることだけではありません。
- 性感染症の予防や、望まない妊娠を避けるために、避妊をする（コンドームを使うなど）ことが大切です。でも、コンドームなどを使っても、絶対に妊娠しない、ということではありません。
- 性感染症にかかっても症状がないこともあるので、性感染症になるような性行為をしたら病院で検査を受けましょう。
- 性感染症は治療しないで放っておくと、からだに悪いことがたくさん起こります。

性行為をする時は、安全な性行為を心がけましょう！

ホームワーク②

来週は人との関係について学びます。

次のセッションまでに、誰と、どんな話をしているのかを書いてみてください。

家族とその日の出来事を話したこと、○○さんとケンカになってしまったことなど、どんなことでもいいです。

誰と：＿＿＿＿＿＿＿＿＿＿＿＿＿＿＿＿＿＿＿＿

話の内容：

＿＿＿＿＿＿＿＿＿＿＿＿＿＿＿＿＿＿＿＿＿＿＿＿

誰と：＿＿＿＿＿＿＿＿＿＿＿＿＿＿＿＿＿＿＿＿

話の内容：

＿＿＿＿＿＿＿＿＿＿＿＿＿＿＿＿＿＿＿＿＿＿＿＿

誰と：＿＿＿＿＿＿＿＿＿＿＿＿＿＿＿＿＿＿＿＿

話の内容：

＿＿＿＿＿＿＿＿＿＿＿＿＿＿＿＿＿＿＿＿＿＿＿＿

誰と：＿＿＿＿＿＿＿＿＿＿＿＿＿＿＿＿＿＿＿＿

話の内容：

＿＿＿＿＿＿＿＿＿＿＿＿＿＿＿＿＿＿＿＿＿＿＿＿

性行動についてのアンケート

マスターベーションは、男性の健康にとって大切な行為です。時と場合（TPO）を選んで行うことが重要です。あなたの問題を解決するために大切なものですので、正直に回答しましょう。

質問	する	しない
あなたは、マスターベーション（オナニー／自慰／一人エッチなどともいう）をしますか		

●質問でマスターベーションを「する」と回答した人へのアンケート

アンケート	回答
どこでしますか（場所）	自分の部屋・風呂場・トイレ・ その他（　　　　　　　　　）
どんな時間にすることが多いですか（時間）	
どのようにしますか （方法・道具）	□自分の手で □道具を使って （具体的に：　　　　　　　　）
どんなことを想像（イメージ）しますか	□頭のなかで思い浮かべる □雑誌やメディアを見る
何かを見たり、読んだりしますか	メディア・写真・動画・ 絵・アニメ・文章・ その他（　　　　　　　　　）

性行動についてのアンケート（つづき）

●質問でマスターベーションを「する」と回答した人へのアンケート（つづき）

アンケート	回答
対象について どんな内容のものを見たり、 読んだりしますか	□大人（若い女性・同世代・年上［熟女］・男性） □未成年男子（小学生以下・小学生・中学生・高校生） □未成年女子（小学生以下・小学生・中学生・高校生） □その他（　　　　　　　　）
どんな内容のものが 好みですか（自由記述）	
射精（ペニス／おちんちんから白い液体が飛び出す）しますか	□はい □いいえ □わからない
どのくらいの頻度で しますか	□毎日 □　　回／週　□　　回／月
終わった後は、 どんな気持ちですか	□気持ち良かった　□さっぱりした □ホッとした　□むなしい □後悔　□はずかしい
終わった後はどうしますか	□風呂に入る □寝る □その他（　　　　　　　　）

性行動についてのアンケート（つづき）

●質問でマスターベーションを「する」と回答した人へのアンケート（つづき）

アンケート	回答
特定のパートナーとのセックス経験	□ある　□ない
特定のパートナーとキスをした経験	□ある　□ない
特定のパートナーと裸を見たり、見せ合ったりした経験	□ある　□ない
特定のパートナーと一緒にベッドなどで眠った経験	□ある　□ない
特定のパートナーのからだをさわった経験	□ある　□ない
テレクラや出会い系サイトを利用した経験	□ある　□ない
性風俗を利用した経験	
□利用したことがある ・ソープランド　・ファッションヘルス　・デリヘル ・イメクラ　・ピンサロ　・エステ　・SMクラブ ・その他（　　　　　　　　　　　　　　） □利用したことがない	

性行動についてのアンケート（つづき）

●質問でマスターベーションを「しない」と回答した人へのアンケート

アンケート	回答
勃起した経験	□ある　　□ない
射精（ペニス／おちんちんから白い液体が飛び出す）した経験	□ある どんな時に射精しましたか (　　　　　　　　　　) □ない

第3回

関係性のいろいろ
― 社会的関係の理解

今回の目的

①さまざまな人間関係（縦のつながり、横のつながり）を学ぶ

②性的な関係を持ってもいい関係性を知る

③私的な空間と公的な空間を理解する

第3回のタイムスケジュール

(分)

0 ## 1週間の振り返り（10分）

☞この1週間の出来事を共有する

10 ## 前回の復習・導入（25分）

☞前回の復習をする（12分）

☞ホームワークを確認・共有する（12分）

☞第3回の目的を確認する（1分）

35 ## あなたの周りの人間関係（35分）

☞ **1-1** **1-2**「あなたの周りの人間関係①②」を記入する（20分）

☞ **2**「相手と会話の内容」を記入する（8分）

☞ **3-1** **3-2**「人間関係のあれこれ①②」の説明を読む（7分）

70 ## 休憩（10分）

80 ## 人間関係の中にあるルール（30分）

☞ **4**「人間関係と性的関係」の説明を読む（8分）

☞ **5**「私的と公的」の説明を読む（6分）

☞ **6**「人間関係の中にあるルール」の○×クイズを記入する（8分）

☞ **7**「まとめのクイズ」の○×クイズを記入する（8分）

110 ## このセッションのまとめ（10分）

☞🍀第3回のまとめ、ホームワークと次回の予定を確認する

120

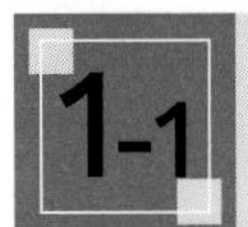

1-1 あなたの周り(まわ)の人間関係(にんげんかんけい)①

人(ひと)は、毎日(まいにち)、いろいろな人(ひと)とかかわりながら生活(せいかつ)をしています。

みなさんの周(まわ)りには、どのようなつながりの人(ひと)がいるでしょうか。家族(かぞく)、友達(ともだち)など、どんなつながりの人(ひと)かを書(か)いてみましょう。

人間関係(にんげんかんけい)のカテゴリー

家族(かぞく)

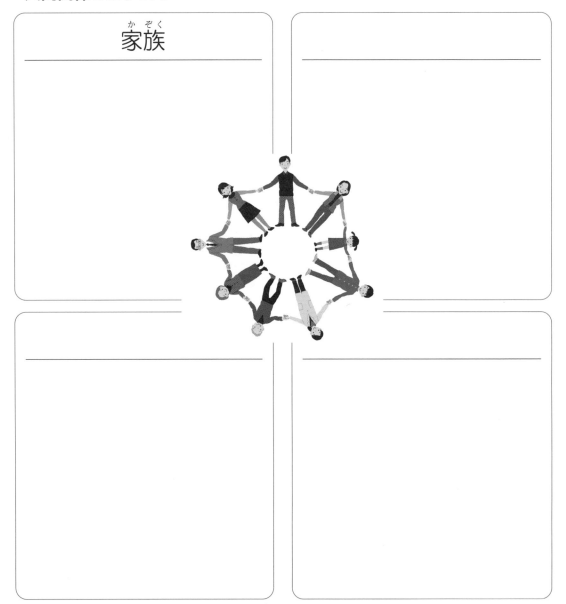

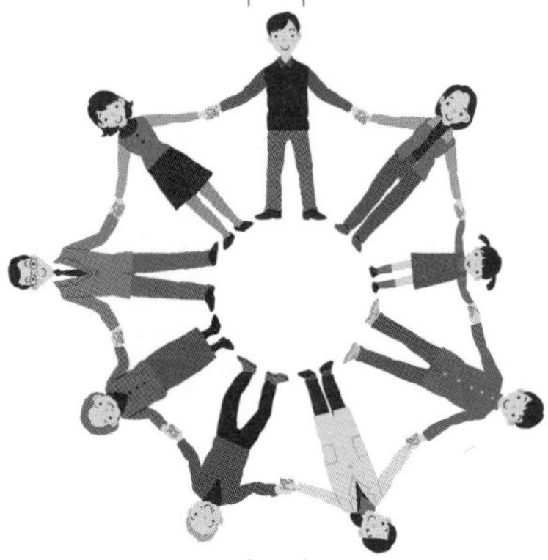

1-2 あなたの周りの人間関係②

普段、それぞれのつながりの人と、どんな話をしていますか？ 最近話した内容について思い出しながら、話したことを書き出してみましょう。

例：友達と
今度、遊びに行く場所を相談した。

2 相手と会話の内容

わたしたちは毎日、いろんな人と話をしています。でも、誰とでも同じように話をしているわけではありません。

いろんな人と話す話題もあれば、特定の人としか話さない話題もあるものです。誰とどんな話をしているのか、相手との関係と話の内容を線で結んでみましょう。

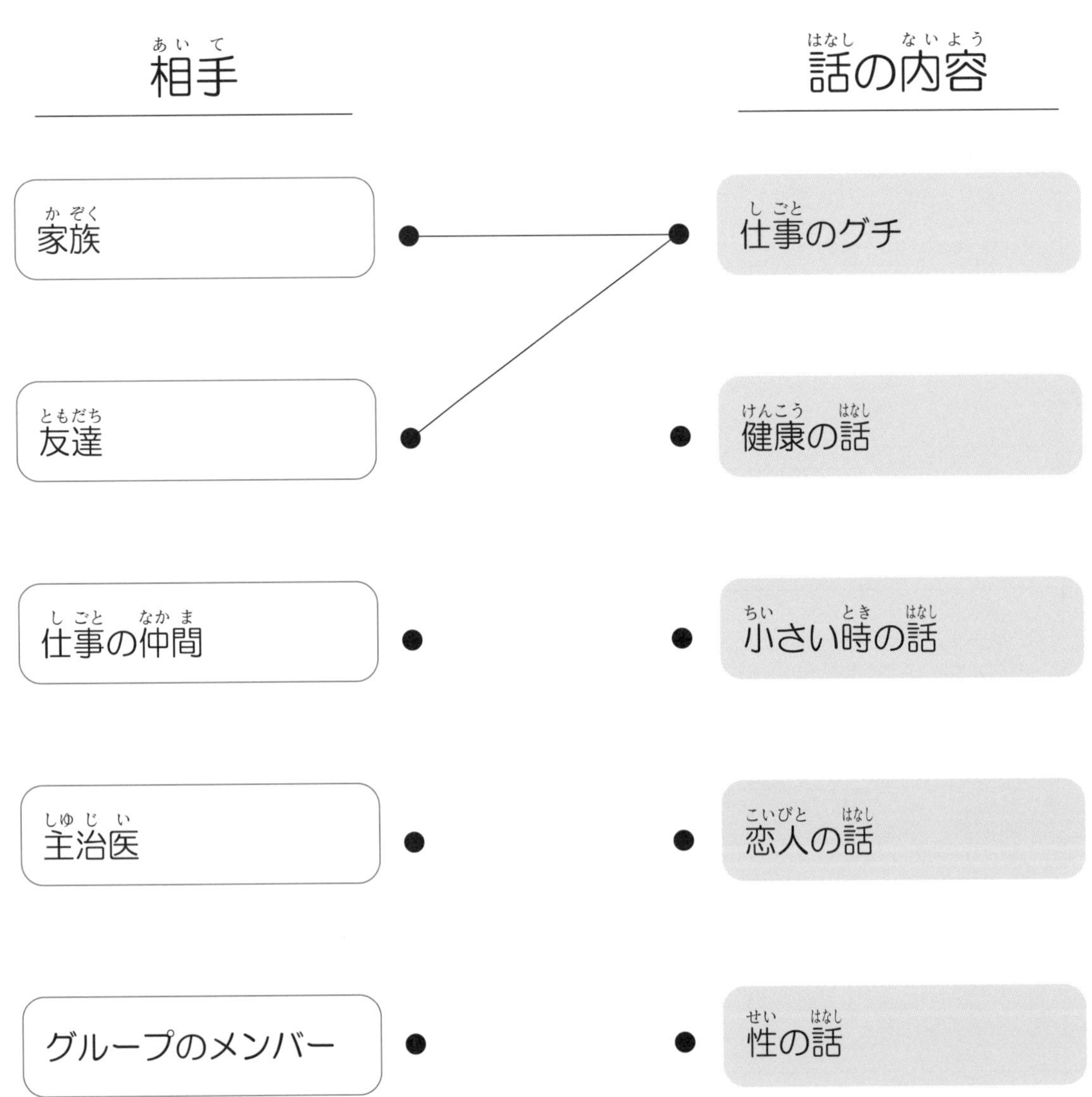

人間関係のあれこれ①

人間関係には、心理的なテリトリーである距離が関係しています。この距離のことを「パーソナルスペース」といいます。パーソナルスペースの距離感は男女間、育った場所の文化や生活環境によって大きく変わるといわれていますが、ここでは一般的なパーソナルスペースの図式を確認してみましょう。

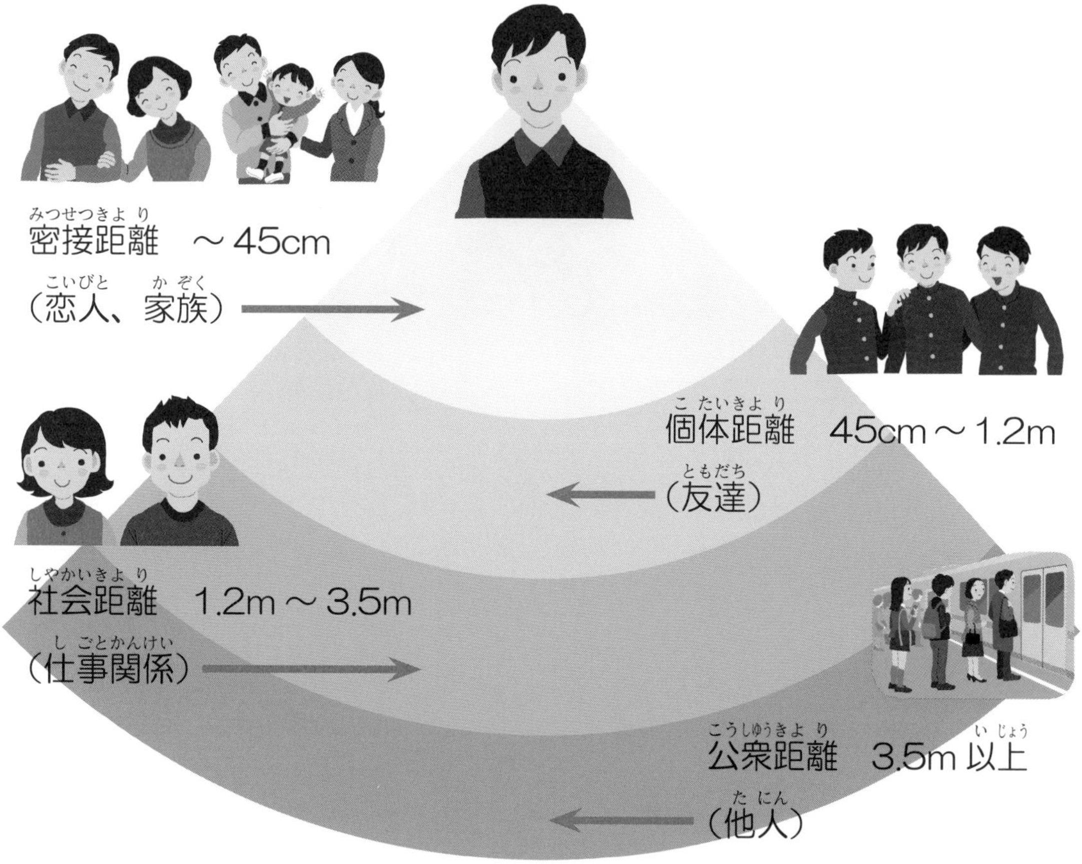

密接距離　～45cm
（恋人、家族）

個体距離　45cm～1.2m
（友達）

社会距離　1.2m～3.5m
（仕事関係）

公衆距離　3.5m 以上
（他人）

ある程度の距離であれば普通に接することができても、パーソナルスペースを超えて接すると相手に不快な気持ちを与えることがあります。

3-2 人間関係のあれこれ②

みなさんがつながっているたくさんの人のうち、どの人が、どのつながりに当てはまるのかは、その人とあなたとの関係の近さ（仲のよさ、親しさ）によって変わります。そして、相手との仲のよさ、親しさによってどんな話をするのかも、違ってくるのです。

関係が近い
（親しい）

家族

» 深い話
（例：自分の経験、考えたこと）
» くだけた言葉

友達

仕事の仲間

主治医

» 表面的な話
（例：天気など）
» 敬語などあらたまった言葉
» ふつうは話をしない

いつも行くお店の人

ときどき会う人

関係が遠い
（親しくない）

通りすがりの人

4 人間関係と性的関係

性行為は、誰とでもしてよいわけではありません。たとえば、「家族とは性行為をしてはいけない」と、法律に決められています。

性的な話をすることは悪いことではありません。しかし、相手によっては、犯罪になることもあります。性的な話をしてもいいかどうかは「相手との関係の距離や相手との親しさ」によって決まるのです。

第3回

性行為をしてもいい人

＿＿＿＿＿＿＿＿＿＿

性行為をしてはいけない人

兄弟、親子、祖父母などの

＿＿＿＿＿＿＿＿＿＿

性的な話をしてもいい人

友達、兄弟、恋人・夫婦など、

＿＿＿＿＿＿＿＿関係の相手

5 私的と公的

わたしたちは、たくさんの人とのつながりの中で生活していますが、その基本にあるのは、「自分」と「相手」です。

自分（あなた）しかいないところは「**私的**」な場所で、自分（あなた）以外の人もいるところは「**公的**」な場所です。

「私的」な場所

【場所】

» 一人になれるところ（自分の部屋、お風呂など）

【してもよいこと】

» 着がえる、身だしなみを整える

» 裸になる、エッチな雑誌を見る、マスターベーション（一人エッチ）をする

「公的」な場所

【場所】

» 「私的」な場所のほかはすべて（公園、デパートなど）

【気をつけること】

» ルールや法律を守る

» 他の人に迷惑をかけない

6 人間関係の中にあるルール

周りの人と良いつながりを作るためには、みんなが気持ち良く過ごすためのルール（約束）を守ることが大切です。こうしたルールは、「社会的ルール」といいます。

下に書かれていることは、周りの人と良いつながりでいるために、良いことか（○）、悪いことか（×）考えてみましょう。

（　　）７日間、洗濯をしていない服を着る

（　　）初めて会って話した人に名前を聞く

（　　）トイレの外に出ながら、身だしなみを整える

（　　）電車の中で友達と騒ぐ

（　　）喫茶店で本を読む

（　　）食べものを食べながらデパートの中を見てまわる

（　　）すれ違う人の顔をじろじろ見る

（　　）部屋の掃除をしてから、友達を家に呼ぶ

（　　）初めて会った人に住所を教える

（　　）友達に電話をしてもつながらないので、出てくれるまで、しつこく何度もかける

（　　）勝手にきょうだいや友達の部屋に入る

7 まとめのクイズ

下にいろいろな場面が書かれています。してもいいことには○、してはいけないことには×をつけてみましょう。

(　　) 男性の友達の家で、一緒にエッチな本を見る

(　　) 妹に、突然、エッチな本を見せる

(　　) 女性の友達から、性的な話をされたので、そのまま話し続ける

(　　) 性的な話が苦手な男性の友達に（相手の様子を気にせず）性的な内容の話をする

(　　) 家族がいるリビングでエッチなDVDを見る

(　　) 恋人がいいと言ったので性的な行為をする

(　　) 恋人がいる女性の友達に、恋人と性的なことをしているか質問する

(　　) 産婦人科の医者に、性行為をしても子どもができない（妊娠しない）ことを相談する

正解した数　　　　個

第3回のまとめ

- 自分と相手との関係の距離や相手との親しさによって、話し方や、話の内容、呼び方、行動は違います。
  たとえば、「友達」というつながりでも、友達一人ひとりとの親しさや、相手の性別（男性？　女性？）などによって、ふさわしい話し方やその内容も変わります。
- 相手との関係の中で、ふさわしくない話や行動をすると（社会的ルールを守らないと）、相手を怒らせたり、いやな気持ちにさせてしまったり、また、相手に嫌われてしまうこともあります。

相手との関係性（つながり）に合った、話し方や行動ができるようこころがけるようにしましょう！

ホームワーク③

次のセッションまでの間で、私的な場所と公的な場所のそれぞれで、誰と、どんなことをしたか書いてみましょう。

	私的な場所	公的な場所
どこで	例：自分の部屋で	例：スーパーで
誰と	一人で	家族と
何をした	テレビを見た	買い物をした
どこで		
誰と		
何をした		
どこで		
誰と		
何をした		

第4回

知っておきたい性のルール

今回の目的

①服を脱ぐこと・人にさわることの社会的ルールを学ぶ

②性的な関係を持ってはいけない人や場面を知る

第４回のタイムスケジュール

（分）

1 週間の振り返り（10分）

☞この１週間の出来事を共有する

10

前回の復習・導入（25分）

☞前回の復習をする（12分）

☞ホームワークを確認・共有する（12分）

☞第４回の目的を確認する（1分）

35

服を脱ぐこと、人にさわることに関するルール（35分）

☞**1-1** **1-2** **1-3**「服を脱いでもよい場面、いけない場面①②③」を記入する（25分）

☞**2-1**「さわってもよい人、さわってもよい場面①」を記入する（10分）

70

休憩（10分）

80

☞**2-2**「さわってもよい人、さわってもよい場面②」を記入する（10分）

90

性的な関係に関するルール（20分）

☞**3**「性行為をしてはいけない相手」を記入する（6分）

☞**4**「性行為をしてはいけない場面」を記入する（7分）

☞**5**「まとめのクイズ」を記入する（7分）

110

このセッションのまとめ（10分）

☞🍀第４回のまとめ、ホームワークと次回の予定を確認する

120

1-1 服を脱いでもよい場面、いけない場面①

第３回では、対人関係とその社会的ルールについて学びました。社会的ルールを守らないと、思いがけず逮捕されてしまうこともあります。

対人関係の社会的ルールと同じように、服を脱ぐ（下着姿になったり、裸になる）ことについても、社会的ルールがあります。まずは、日常の生活の中ではどんな場所でどんな時に服を脱いでいるか、考えて下の枠に記入してみましょう。

場所＿＿＿＿＿＿＿＿＿＿＿＿＿＿＿＿＿＿＿＿

どんな時＿＿＿＿＿＿＿＿＿＿＿＿＿＿＿＿＿＿

場所＿＿＿＿＿＿＿＿＿＿＿＿＿＿＿＿＿＿＿＿

どんな時＿＿＿＿＿＿＿＿＿＿＿＿＿＿＿＿＿＿

場所＿＿＿＿＿＿＿＿＿＿＿＿＿＿＿＿＿＿＿＿

どんな時＿＿＿＿＿＿＿＿＿＿＿＿＿＿＿＿＿＿

1-2 服を脱いでもよい場面、いけない場面②

下の文を読んで、服を脱いでもよい場面には○、服を脱いではいけない場面には×を（　　）の中に書いてみましょう。

①温泉の脱衣所／プールの更衣室で裸になる　（　　）

②自分の部屋で一人の時に服を脱ぐ　（　　）

③自分の部屋で友達がいる時に服を脱ぐ　（　　）

④夏に公園でズボンを脱ぐ　（　　）

⑤お店の試着室で服を脱ぐ　（　　）

⑥外で汗をかいたので上着を脱ぐ　（　　）

⑦家のリビングで服を脱ぐ　（　　）

⑧妹（姉）がいるところで服を脱ぐ　（　　）

服を脱いでもよいと決められた場所以外や、人がいるところでは、服を脱いだり（下着姿になったり）裸になってはいけません！

1-3 服を脱いでもよい場面、いけない場面③

それでは、服を脱いでもよい場面と、服を脱いではいけない場面を、表にまとめて整理しておきましょう。

裸になってもよい場面には○、裸になってはいけない場面には×を書きましょう。

	自分しかいない	周りに人がいる
①自分の部屋		
②脱衣所／更衣室		
③街中		
④銭湯（お風呂屋さん）		
⑤公園や広場		
⑥友達の家		
⑦車の中		

どんな時に服を脱いでもよいのか迷ったら、このページを見直して思い出しましょう！

2-1 さわってもよい人、さわってもよい場面①

服を脱ぐことと同じように、人にさわることにも社会的ルールがあります。さわってもよい人や、さわってはいけない人はそれぞれどんな人で、さわってもよいのはどんな場面でしょうか？　当てはまるものを選んで、□の中に✓を書いてみましょう。

家族	□いつでもさわってよい □時と場合による □いつでもさわってはいけない
恋人	□いつでもさわってよい □時と場合による □いつでもさわってはいけない
電車で隣に座っている人	□いつでもさわってよい □時と場合による □いつでもさわってはいけない
同性の友達	□いつでもさわってよい □時と場合による □いつでもさわってはいけない
異性の友達	□いつでもさわってよい □時と場合による □いつでもさわってはいけない
すれ違った知らない子ども	□いつでもさわってよい □時と場合による □いつでもさわってはいけない
仕事で初めて会った人	□いつでもさわってよい □時と場合による □いつでもさわってはいけない

2-2 さわってもよい人、さわってもよい場面②

前のページでは相手と親しい関係であっても、いつでも相手にさわってもよいわけではないことを学びました。では、親しい関係の人についてさわってもよい場面とさわってはいけない場面について考えて、(　　)の中に○と×を書いてみましょう。

(　　　) ①異性の友達を見つけた時、抱きつく(ハグする)

(　　　) ②初めて会った人と握手をする

(　　　) ③自分のほうが強いとわからせるために、子どもの頭を押さえつける

(　　　) ④妹の胸を服の上からさわる

(　　　) ⑤電車の中で恋人のおしりをさわる

(　　　) ⑥ゲームで勝ったので、ハイタッチをする

(　　　) ⑦弟の頭をなでる

(　　　) ⑧恋人が「いいよ」と言ったのでキスをする

3 性行為をしてはいけない相手

日本の法律では、性的な行為をしてはいけない相手が決められています。このような相手と性的な行為をすると、警察に捕まってしまいます。

どんな人とは性的な行為をしてはいけないのか、考えてみましょう。

性行為をしてはいけない相手

赤ちゃんや幼児

＿＿＿歳未満の男の子、女の子

刑法では＿＿＿歳／

児童福祉法条例では＿＿＿歳

＿＿＿＿＿＿＿＿＿＿＿＿

＿＿＿＿＿＿＿＿＿＿＿人

＿＿＿＿＿＿＿＿＿＿＿＿

スタッフ・支援者

4 性行為をしてはいけない場面

いやがっている人や、性行為についてよくわかっていない人（いやだと言えない人）とは性行為をしてはいけません（第6回でくわしく学びます）。また、性行為をしてもよい人とでも、性行為をしてはいけない場面があります。下の文を読んで、性行為をしてもよい場面には○、してはいけない場面には×を書いてみましょう。

（　　　）①恋人が「さわってもよい」と言ったので、自分の部屋で恋人のからだをさわる

（　　　）②電車の中で恋人のからだをさわる

（　　　）③デパートのトイレでマスターベーションをする

（　　　）④子どもがいるところで、恋人と性行為をする

（　　　）⑤公園などの外でズボンをおろす

（　　　）⑥電車の中でエッチな本を読む

（　　　）⑦自分の部屋でマスターベーションをする

（　　　）⑧「いいよ」と言ったので、子どもの下着を脱がせる（トイレの時以外で）

5 まとめのクイズ

合っていると思うほうに○をつけてみましょう。

①外で服を脱いでもよいですか

はい　　　いいえ

②きれいな女性の後をつけてもよいですか

はい　　　いいえ

③声をかければ女性の胸やおしりをさわってもよいですか

はい　　　いいえ

④小学生の子どもでも「いいよ」と言えば性的な行為をしてもよいですか

はい　　　いいえ

⑤相手に気づかれなければ、子どもや女性のことをじっと見つめてもよいですか

はい　　　いいえ

⑥外で性行為をしてもよいですか

はい　　　いいえ

⑦異性と友達になってもよいですか

はい　　　いいえ

正解した数　　　　個

第4回のまとめ

- お風呂や更衣室などの服を脱いでもよいと決められた場所以外では、周りに人がいる時に下着だけになったり、裸になってはいけません。たとえ自分の部屋だとしても、誰かがいたら服を脱ぐのはやめましょう。
- 家族や恋人でも、自分が好きな時に相手をさわってもよいわけではありません。
- 18歳未満（0歳から17歳まで）の人と性行為をしてはいけません。
- 家族や、いやがっている人、性行為のことをよくわかっていない人、いやと言えない人とも性行為をしてはいけません。
- 外や人のいる場所では、性行為をしたり、エッチなもの（雑誌など）を見たり見せたりしてはいけません。

いろいろな社会的ルールを守って生活しましょう！

第4回

ホームワーク④

今日学んだ社会的ルールについてどれくらい覚えられましたか？次のセッションまでの間で守ることができたルールには、○をつけてみましょう。

空いているスペースには、守ることができたルールを自分で考えて書いてみましょう。

社会的ルール	○
人がいる場所で服を脱がない	
外で服を脱がない	
さわってはいけない人にさわらない	
人がたくさんいるところで人にさわらない	

第5回

違法な性行動

今回の目的

①どのようなことが性犯罪にあたるのか考える

②自分の違法な性行動について振り返る

③性行動がもたらす結果について考える

第5回のタイムスケジュール

（分）

1週間の振り返り（10分）

☞この1週間の出来事を共有する

10

前回の復習・導入（25分）

☞前回の復習をする（12分）

☞ホームワークを確認・共有する（12分）

☞第5回の目的を確認する（1分）

35

違法な性行動（32分）

☞ **1-1** **1-2** **1-3** 「違法な（やってはいけない）性行動①②③」の説明を読む（13分）

☞ **1-4** 「違法な（やってはいけない）性行動④」を記入する（9分）

57

休憩（10分）

67

☞ **2-1** 「自分が行った違法な性行動について①」を記入する（4分）

☞ **2-2** 「自分が行った違法な性行動について②」を記入する（6分）

77

違法な性行動を行った後の環境（33分）

☞ **3** 「違法な性行動をするとどうなる?」の説明を読む（5分）

☞ **4** 「違法な行為による生活の変化」を記入する（15分）

☞ **5** 「より良い生活を続けるために」を記入する（13分）

110

このセッションのまとめ（10分）

☞🍀 第5回のまとめ、ホームワークと次回の予定を確認する

120

1-1 違法な（やってはいけない）性行動①

第４回で学んだように、相手が「いいよ」と言っていないのに、むりやり性行為をすると、法律違反（違法）になり、警察に捕まってしまいます。

違法な性行動には、どのようなものがあるか、覚えておきましょう。

ちかん

公的な場所（電車の中や街中など）で、むりやり相手のからだをさわったり、自分のからだや性器を相手に押しつけること。

例：満員電車で前にいた女性のおしりをこっそりさわった。

強制わいせつ

暴力をふるったり脅したりして、むりやり相手のからだをさわったり、自分のからだを相手にさわらせたりすること。「いやだ」と断ることのできない人（子どもや知的障害の人など）のからだをさわったりすること。

例：酔っぱらっている女性の服の中に手を入れてさわった。

強制性交等

※この中には、性交のほか、肛門性交、口腔性交が含まれます。

暴力をふるったり脅したりして、むりやり性行為をすること。「いやだ」と断れない人（子どもや知的障害の人など）と性行為をすること。

例：すれ違った女性を脅して、むりやりセックスをした。

違法な（やってはいけない）性行動②

のぞき

家やトイレ、更衣室、お風呂の中などを、隠れてこっそり見ること。

例：女性の更衣室の中を窓の外からこっそりのぞいた。

誘拐

性的なことをするために、相手を自分の家に閉じこめたり、どこかへ連れて行って帰れないようにすること。

例：知らない子どもを家に連れて帰って、からだをさわった。

公然わいせつ（露出）

人がいる場所で自分の性器を人に見せたり、（人がいるかもしれない場所で）マスターベーションをしたりすること。

例：外で下着を脱いで、すれ違った人に自分の性器を見せた。

盗撮

相手が「いいよ」と言っていないのにカメラやビデオに撮ること。

例：スカートの短い女性がいたので、スカートの中の写真をこっそり撮った。

1-3 違法な（やってはいけない）性行動③

ストーカー

好きな人につきまとったり、相手にしてもらえないことに怒って相手にいやがらせをすること。

例：好きな人に無視されて、1日に何回も無言電話をかけた。

デートDV

恋人に暴力をふるったり、脅したりして、いつも自分と一緒にいるように強制したり、相手の気持ちを無視して自分勝手に性行為をすること。

例：彼女がいやがっていたけど、押さえつけて性行為をした。

未成年との性行為

18歳未満の児童と性行為をすること。

例：合意があったので、彼女が18歳未満だったが、性行為をした。

※児童福祉法では、18歳未満の児童との性行為が禁止されています。

これらはすべて「犯罪」です。どれも相手の気持ちを考えずに自分勝手に行動していたり、法律を守らずに行動していますね。

「これもだめなの？」と思うものがあったら
危険です！
性犯罪は、絶対にしてはいけません。

1-4 違法な(やってはいけない)性行動④

違法ではない行動には○、違法な（やってはいけない）行動には×を書いてみましょう。

（　　　）①服の中にむりやり手を入れて、女性の胸をさわった

（　　　）②電車で寝ている女性のスカートの中を、こっそり写真に撮った

（　　　）③好きな人が心配だったので、気づかれないように家まで後ろからついて行った

（　　　）④相手が「いいよ」と言ったので、友達と一緒に写真を撮った

（　　　）⑤満員電車で女性にふれてしまいなんとなく気持ち良くなったので、自分の性器をさわった

（　　　）⑥親せきの子どもを預かることになったので、自分の家に連れて行って遊んだ

（　　　）⑦小さい子どもがいやがっていなかったので性器をさわらせた

（　　　）⑧自分のことを好きだと言っている、14 歳の女の子と性行為をした

（　　　）⑨家のベランダから、向かいのマンションに住む女性の着がえを見た

（　　　）⑩誰も見ていなかったので、外に干してある女性の下着を盗んだが、その後すぐに返した

（　　　）⑪彼女が初めはいやがっていたけど、その後何も言わなくなったので性行為をした

2-1 自分が行った違法な性行動について①

違法な（やってはいけない）性行動をした時のことを振り返りましょう。自分の行ったことが、どのように社会的ルールに違反していたのかも整理してみましょう。

思い出したくないかもしれませんが、向き合うことが大切です。

あなたが行った違法な性行動

●いつ？

●誰に？

相手の性別：

相手の年齢：＿＿＿＿歳ぐらい

相手との関係：（例：妹、通りがかりの女性）

●どんなことをしましたか？

2-2 自分が行った違法な性行動について②

あなたが警察に逮捕された時／または逮捕されたことを想像して考えてみましょう。その時、誰が来ましたか？　あなたは一人でしたか？　誰かと一緒にいましたか？　どんな気持ちで、どんなことを考えていましたか？　その時のことを思い出して／または想像して書いてみましょう。

あなたが逮捕された時

●あなたのところへ来た人

●あなたと一緒にいた人

●警察に逮捕された時、考えたことや感じたこと

3 違法な性行動をするとどうなる？

性犯罪や、性犯罪以外の犯罪をして法律に違反すると、警察に逮捕されます。警察に逮捕されると、どんなことが起こるのでしょうか？

加害者に起こること

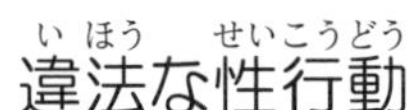

違法な性行動

↓

保護される→警察署に行く

↓

刑務所に入る

家族や友達に迷惑がかかる

仕事を失う・自由を失う

家にマスコミが来る

新聞に名前が載る

警察に逮捕されると、自分だけではなく、家族や友達といったあなたの周りの人たちにも、たくさんの迷惑や心配をかけることになります。

違法な行為による生活の変化

警察に逮捕されたことで、あなたや周りの人たちの生活は変わるでしょうか？　逮捕される前と後ではどんなことが変わるか、考えてみましょう。

社会生活

例：近所の人からうわさされて外に出づらくなった

・

・

人間関係

・

・

・

仕事や学校

・

・

・

法律的な制限

例：罰金を支払う、執行猶予になる

・

・

5　より良い生活を続けるために

それでは、警察に逮捕されず、より良い生活を続けるためにはどうすればよいのでしょうか？　警察にバレないようにするとか、相手が誰にも話さないように脅すなど、周りの人を変えようとするのではなく、性犯罪をしないために自分がどうしたらよいのかを考えてみましょう。

警察に逮捕されないためには

●あなたがしたことの何が違法だったのでしょうか？

●違法なことをしない（性犯罪をして警察に逮捕されない）ためには、どうすればよかったと思いますか？

●今後、同じことをしないためには、どんなことに気をつけたらよいと思いますか？

第5回のまとめ

- 相手が「いいよ／YES」と言っていなかったり、いやがっているのに、自分が気持ち良くなるために一方的に性行為をするのは犯罪です。
- 「自分さえよければいいや」という自分勝手な軽い気持ちで性的な行動をすると、相手はいやな気持ちになり、傷つきます。
- たとえ相手と気持ちが一致している場合でも、法律を守って性的な行動をしなければなりません。
- 警察に逮捕されると自分が困るだけでなく、家族や友達などの周りの人にも迷惑をかけたり、家族や友達を失うこともあります。

性的なことをする場合には、性行為をしてもよい相手なのか、相手はいやがっていないか、相手も性的な行為をしてもよいと思っているかなど、相手の気持ちをきちんと確認することが、自分と相手を守ることにつながります。

ホームワーク⑤

「相手の気持ちを考えながら行動する」のは、普段から気をつけていないと難しいものです。次のセッションまでの間に、相手の気持ちを考えながら過ごした場面について、メモをしてみましょう。①どんな場面で、②「相手のために」気をつけたこと、またはこんなことをした、というエピソードを書いてみてください。

※違法な場面でなくても大丈夫です

① どんな場面？	② 気をつけたこと／してあげたこと
例：初めましての人に会った	自分から自己紹介をした

第6回

相手の気持ちと性行為

今回の目的

① 「相手の気持ち」について学ぶ

② 「相手の気持ち」のサインを知る

③ 「相手の気持ち」と性行為について考える

第6回のタイムスケジュール

（分）

1週間の振り返り（10分）

☞この1週間の出来事を共有する

10

前回の復習・導入（25分）

☞前回の復習をする（12分）

☞ホームワークを確認・共有する（12分）

☞第6回の目的を確認する（1分）

35

自分の気持ちと相手の気持ち（18分）

☞**1**「自分の気持ちと相手の気持ち」の説明を読む（3分）

☞**2**「相手の気持ちとは？」の説明を読む、記入する（3分）

☞**3**「行動したい？　行動したくない？」を記入する（4分）

☞**4**「いいよ／YES」それとも「いやです／NO」を記入する（3分）

☞**5**「『いやです／NO』のサイン」を記入する（5分）

53

休憩（10分）

63

相手の気持ちを確認する方法（32分）

☞**6-1** **6-2**「相手の気持ちを尊重する①②」を記入する、説明を読む（7分）

☞**7**「相手の気持ちを判断する練習をしよう」を記入する（15分）

☞**8**「『いいよ／YES』と言ってもらうために」の説明を読む（10分）

95

相手の気持ちと性行為（15分）

☞**9-1** **9-2**「気持ちの確認と性行為①②」の説明を読む（8分）

☞**10**「まとめのクイズ」を記入する（7分）

110

このセッションのまとめ（10分）

☞🍀第6回のまとめ、ホームワークと次回の予定を確認する

120

1 自分の気持ちと相手の気持ち

誰もがそれぞれの考えや気持ちを持っています。誰かと一緒に何かをする時には、自分だけで決めるのではなく、相手の気持ちや考えを確かめてから決めることがとても大切になります。

いいよ／YES

一緒にケーキを食べに行かない？

いいね、食べに行こう！

「いいよ／YES」

相手の考えに賛成する／同じ考えを持っている／一緒に行動する

いやです／NO

一緒にケーキを食べに行かない？

ごめん、甘いものは苦手なんだ……

「いやです／NO」

相手の考えに賛成しない／違う考えを持っている／一緒に行動しない

2 相手の気持ちとは？

相手と一緒に行動するかどうかを決めるためには、**「いつ」「誰と」「何をするか」**など、いくつかの情報が必要なことがあります。

自分が相手と一緒に行動するかどうか迷っている時に、決めるための情報が足りなければ、遠慮なく相手に質問することも大切です。

今度の日曜日、一緒に映画を見に行こう

Aさん

別にいいけど……どの映画を見に行くの？

Bさん

○○○って映画に行こうと思ってるけど

あ、それ見たかったんだ！行こう行こう

Bさんは、Aさんと一緒に行動（　　　　　　　　　）

3　行動したい？　行動したくない？

二人が話をしています。
それぞれの会話から、相手が一緒に行動したいと思っているか、一緒に行動したくないと思っているかを考えてみましょう。

例 1

Aさん

今度の日曜日、一緒に映画を見に行こう

Bさん

映画の割引券を持ってるからちょうどよかった！

→ Bさんは、Aさんと行動（　　　　　　）

例 2

Aさん

今度二人で海に行かない？

Bさん

うーん、二人で海かぁ……

→ Bさんは、Aさんと行動（　　　　　　）

4 「いいよ／YES」それとも「いやです／NO」

例3

この本借りてもいいかな？

いいけど、いつ返してくれるの？

Cさん

Dさん

来月には返すよ

今月、使う予定があるんだ……

じゃあ来週までには返すね！

わかった！

→ Dさんは、Cさんに本を貸すのは

（いいよ／YES・いやです／NO）と思っている

「いやです／NO」のサイン

あなたは、いやなことがあった時（いやだなと感じる時）に、「いやです／NO」とはっきり言えますか？　はっきりと「いやです／NO」と言いづらかったり、言えない人もいます。はっきりと「いやです／NO」と言わないからといって、相手が「いいよ／YES」だと一方的に判断して、むりやり相手に何かをしたり、何かをさせたりしてはいけません。相手が「いやです／NO」と思っている時のサインには、どんなものがあるでしょうか？

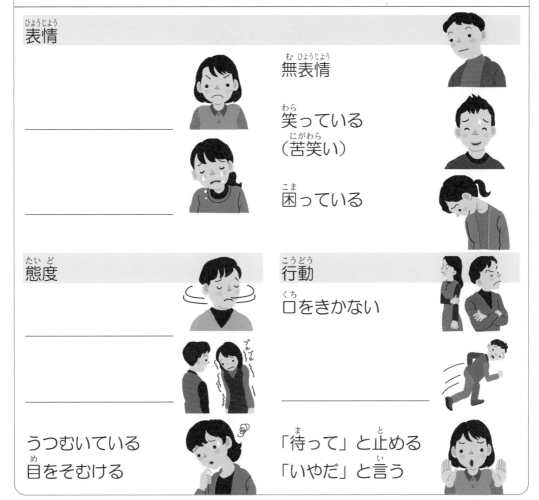

相手がいやがっている（いやです／NO）時のサイン

表情

____

____

無表情

笑っている（苦笑い）

困っている

態度

____

____

うつむいている
目をそむける

行動

口をきかない

____

「待って」と止める
「いやだ」と言う

6-1 相手の気持ちを尊重する①

自分がいやだと思っている時に、勝手に考えや行動を決められたり強制されたりすると、イライラしたり、いやな気持ちになりますよね。

同じように、相手がいやだと思っている時に、自分がしたいからといってむりやり何かを決めたり強制すると、相手もいやな気持ちになります。

夜ごはんに
おすしを食べに行こう！

Aさん

魚が苦手だから
別のところがいいな……

Bさん

私はおすしが食べたいから
おすし屋さんに行くよ

えっ、
じゃあ行きたくないよ……

えっ、
どうしよう……

Aさんは、「おすしが食べたい」という自分の気持ちだけを尊重して、Bさんの意見をまったく聞いていません。

6-2

6-2 相手の気持ちを尊重する②

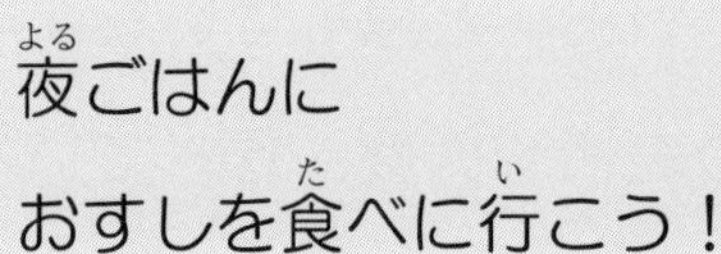
夜ごはんに
おすしを食べに行こう！

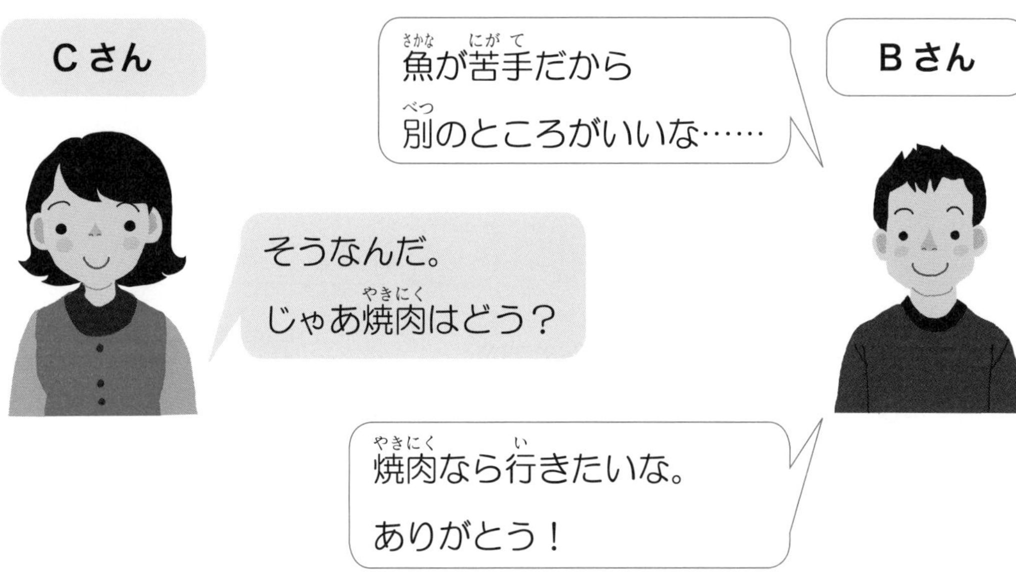
Cさん
Bさん
魚が苦手だから
別のところがいいな……
そうなんだ。
じゃあ焼肉はどう？
焼肉なら行きたいな。
ありがとう！

Cさんは、行き先を決める前に、自分の意見がBさんにいいよと言ってもらえるか確認しています。もしあなたがBさんだったら、AさんとCさんに対して、どんな気持ちになりますか？

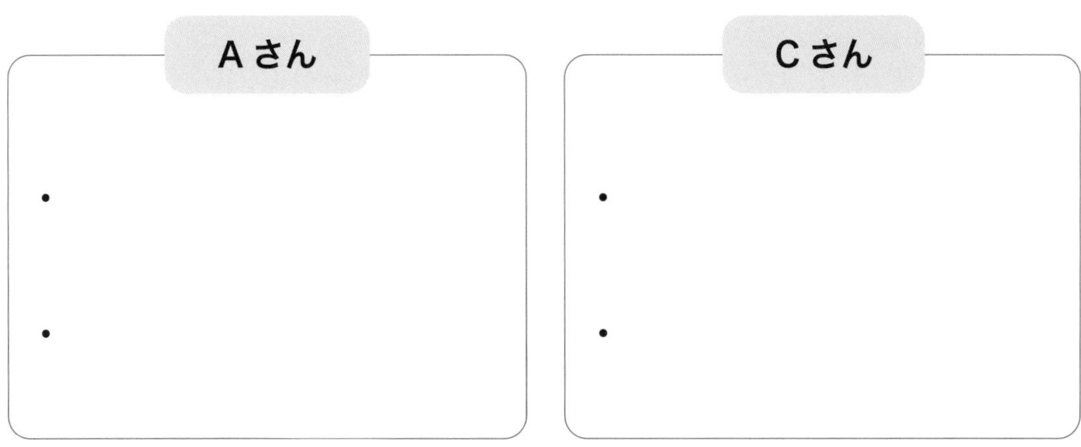
Aさん
・
・
Cさん
・
・

7 相手の気持ちを判断する練習をしよう

実際に、相手が「いいよ／YES」と思っているか判断するための練習をしてみましょう。相手の表情や態度、言っていることなどをよく確認して、相手がどう思っているのか、考えてみましょう。

ロールプレイ１：食事に誘ってみよう！

Ａさん：誘う人	Ｂさん：誘われる人

Ａさんと Ｂさんは仲のいい友達です。
二人はよく日曜日に食事に行きます。
Ｂさんは和食が好きです。

Aさんが確認すること	Bさんの様子
» ごはんを食べに行きませんか？ » 日曜日の予定はどうですか？ » 和食でいいですか？	» ニコニコしている » 「いつも通りでいいですよ」と言っている

→ Ｂさんは、Ａさんと行動（　　　　　　　　　）

ロールプレイ２：映画に誘ってみよう！

Ｃさん：映画に誘う人

Ｄさん：映画に誘われる人

ＣさんとＤさんは仲良くなったばかりで、お互いのことをまだよく知りません。Ｃさんはアニメ映画が見たかったので、週末に二人で映画に行こうとＤさんを誘ってみました。

Cさんが確認すること

» 今週末にアニメ映画を二人で見に行きませんか？
» 場所は○○でどうですか？

Dさんの様子

» 目が合わないようにしている
» 黙りこみ、ときどき「うーん」「そうですね……」と言っている

→ Ｄさんは、Ｃさんと行動（　　　　　　　　）

第6回

8 「いいよ／YES」と言ってもらうために

- **予定を確認する**

「週末に用事はないですか」

「他に都合のよい日はありますか」など

- **メンバーを確認する**

「他に誰か誘いたい人はいますか」

「いきなり二人きりだと緊張しますか」など

- **場所を確認する**

「お家から○○駅は近いですか」

「普段よく遊ぶ場所はどのあたりですか」など

- **好みを確認する**

「アニメ映画は苦手じゃないですか」

「他にやりたいことはありませんか」など

※すべて確認したからといって必ず「いいよ／YES」と言ってもらえるとは限りません！

実際にロールプレイをやってみて、どうでしたか？　難しかったところや思ったこと、自分の体験について書いてみましょう。

気持ちの確認と性行為①

「いいよ／YES」と「いやです／ NO」の判断は、相手から情報を聞いて、自分がどうしたいのかを考えて決めることです。しかし、中には「判断」ができない人もいるため、いくつかの社会的な決まりがあります。

判断ができない人

（相手が「いいよ」と言っても、その言葉をそのまま受けとってはいけない相手）

- 伝えられた情報について、きちんとわかっていない人
- 情報について、正しい知識がない人
- 子どもや判断能力が十分ではない人
  （言葉が話せない人、重い知的障害のある人、など）
- 「いやだ」と言えない人

「判断ができない人」が「いいよ」と言ったとしても、「いいよ／YES」と言ったことにはなりません。「いやです／ NO」と言っている相手だけでなく、判断ができない相手とも性行為をしてはいけません。

9-2 気持ちの確認と性行為②

相手との関係や行動の内容によっても、相手の考え（いいよ／YES）を確かめることが難しいことがあります。

相手の考え（いいよ／YES）を確かめることが難しい行動

自分が頼まれたら（その行動をされたら）どう感じますか？

関係	行動の内容①	行動の内容②
他人	電車で隣の席に座る	カフェで相席の確認をする
友達	「この本貸して」	「お金貸して」
親子	肩をポンと優しく叩いてなぐさめる	抱きしめる
夫婦 恋人	キスをする	性行為をする

性行為って難しい……

性行為については、夫婦や恋人関係であっても気持ちを伝えにくく、相手の体調や忙しさなどの条件も考えに影響することがあるため、わかりにくいことがあります。あなた自身や大切な人の「気持ち」を尊重するため、迷うことがあれば個別に相談してください。

10 まとめのクイズ

合っていることは「はい」、間違っていることは「いいえ」のところに○をつけてみましょう。

（性行為には、服を脱がせる、からだをさわる、写真を撮る、自分の性器をさわらせるなど、いろいろな行為が含まれます）

①「いいよ」といった小学生と性行為をしてもよいですか。

はい　　　いいえ

②もともと言葉の話せない女性と性行為をしてもよいですか。

はい　　　いいえ

③性行為がどんなことか知らない人と性行為をしてもよいですか。

はい　　　いいえ

④家族（きょうだい、父親、母親など）と性行為をしてもよいですか。

はい　　　いいえ

⑤「ちょっと……」と、困った様子の人と性行為をしてもよいですか。

はい　　　いいえ

⑥言葉は話せるのに、黙っている人と性行為をしてもよいですか。

はい　　　いいえ

正解した数　　　個

第6回

第6回のまとめ

- 誰かと一緒に何かをしたり、何かを頼んだりする時には、相手の気持ちの確認が必要です。
- 相手が「いいよ／YES」と言っていても、言葉だけでなく、表情やしぐさなど、相手の様子から判断しなければいけない時もあります。77ページの「いやです／NO」のサインをもう一度確認しましょう。
- 相手の気持ちがわからない時には、自分で勝手に判断せずに、迷った時は「いやです／NO」と考えておきましょう。
- 判断ができない人（83ページを参照）が「いいよ／YES」と言ったとしても、自分の気持ちが受け入れられたことにはならないことがあります。

自分の気持ちだけでなく、相手の気持ちを考えて行動しましょう！

ホームワーク⑥

次のセッションまでの間に、あなたが誰かとした「いいよ／YES」「いやです／NO」といったやりとりについてメモしておきましょう。第５回のホームワークのように、その時気をつけたことも書けるとよいですね。

【例】「いいよ／YES」と言った人：友達

内容：野球の試合を見に行った。

気をつけたこと：予定はないか、野球は好きか確認した。

「いいよ／YES」と言った人：＿＿＿＿

内容：＿＿＿＿

気をつけたこと：＿＿＿＿

「いやです／NO」と言った人：＿＿＿＿

内容：＿＿＿＿

「いやです／NO」と言われた理由（何がダメだったか）：

＿＿＿＿

＿＿＿＿

いろいろな表情（ひょうじょう）

いかり（はらだたしさ）

こわい

悲（かな）しい

イライラ

はずかしい

困（こま）った

つらい

疑問（ぎもん）

おどろき／ショック

復讐（ふくしゅう）してやる

殴（なぐ）りたい

絶対（ぜったい）に忘（わす）れない

逃（に）げたい

無表情（むひょうじょう）

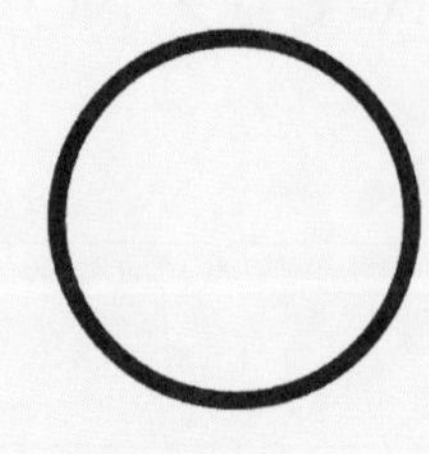

（　　　　　　　　　　）

じゆうにかきこんでください

第7回

いやなことをされた時どう感じる？
― 被害者への共感

今回の目的

①「被害を受ける」とは、どんなことなのかを知る

②こころやからだが傷つけられた時にどんな気持ちになるのか、性被害にあった人の気持ちを考える

③自分の事件について、被害者の気持ちを考える

第7回のタイムスケジュール

（分）

1週間の振り返り（10分）

☞この1週間の出来事を共有する

10

前回の復習・導入（25分）

☞前回の復習をする（12分）

☞ホームワークを確認・共有する（12分）

☞第7回の目的を確認する（1分）

35

「被害を受ける」ということ（7分）

☞**1**「『被害を受ける』ってどういうこと？」の説明を読む（2分）

☞**2**「被害を受けた時、どう感じる？」を記入する（5分）

42

被害を受けた時の気持ち（18分）

☞**3**「被害者として自分がされたこと」を記入する（6分）

☞**4**「あなたを傷つけた人はどう感じていた？」を記入する（6分）

☞**5-1** **5-2**「相手の気持ちがわかるって？①②」を記入、説明を読む（6分）

60

休憩（10分）

70

性被害にあった人の気持ちを知る、自分の事件の被害者について考える（40分）

☞**6-1** **6-2**「みんなで考えてみよう①②」を記入する（10分）

☞**7**「性被害を受けて感じること」を読む（2分）

☞**8**「自分の事件について振り返る」を記入する（10分）

☞**9**「加害者の周りの人」を記入する（8分）

☞**10**「大切な人が被害者になったら」を記入する（10分）

110

このセッションのまとめ（10分）

☞第7回のまとめ、ホームワークと次回の予定を確認する

120

1 「被害を受ける」ってどういうこと？

「被害を受ける」とは、誰かに、いやなことをされる、傷つけられるということです。「被害を受けた」人は**被害者**、「被害を与えた」人（相手を傷つけたりした人）は**加害者**といいます。

「相手を傷つけようと思っていなかった」など加害者の気持ちがどんなものでも、被害者が傷ついたり、いやな気持ちになったら、「被害を受けた」「被害を与えた」ことになるのです。みなさんの中にも、被害者になったことがある人もいるかもしれません。

［例］

学校でいじめられた

ケンカして殴られた

物を盗まれた

交通事故でケガをした

子どもの頃、からだをむりやりさわられた

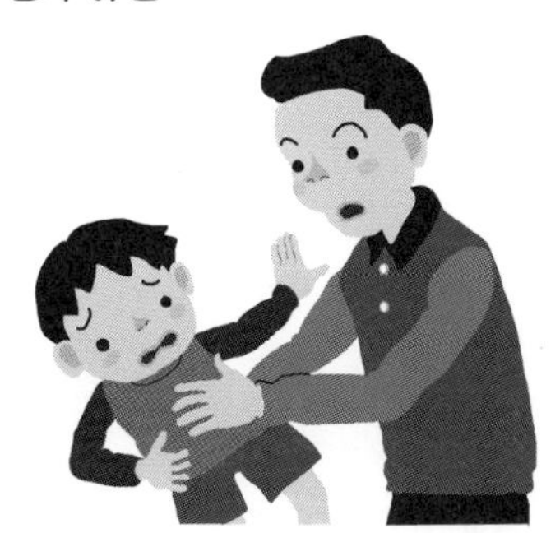

2 「被害を受けた」時、どう感じる？

みなさんが**被害者・加害者**になった時、どんなことを感じるか、ロールプレイをしてみましょう。

ロールプレイ：
道を歩いていたら、突きとばされた！

Aさん：突きとばされる人　　**Bさん**：突きとばす人

① Aさんが道を歩いていました。

②後ろから来たBさんが「じゃまだ！　どけ！」とぶつかってきました。

③ Aさんは突きとばされてしまいましたが、Bさんはあやまらずに歩いていってしまいました。

やってみて、どんな気持ちになりましたか？　感じたことを自由に書いてみてください。自分がAさんやBさんだったらどうするか、というようなことでもいいですよ。

感想

3 被害者として自分がされたこと

自分が「被害を受けた」時のことを思い出して、誰に、何をされたのか、どんなことがあったのか書いてみてください。

例：職場の仲間に、仕事が遅いとバカにされた

-
-
-

その時、あなたはどんな気持ちだったか、書いてみましょう。
なかなか思いつかない時は、下の　　の中も見てみてください。

-
-
-

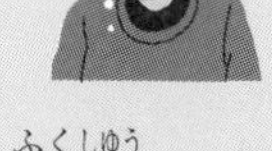

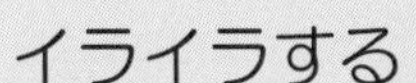

[考えや気持ち]

イライラする	こわい	悲しい	復讐したい
はずかしい	困った	つらい	自分が悪いのかな
ショック	逃げたい	殴りたい	絶対に忘れない

※88ページにある「いろいろな表情」のイラストも参考にしてみましょう

第7回

4 あなたを傷つけた人はどう感じていた？

あなたを傷つけた人は、自分がしたことについて、どのように考えていたと思いますか？　後悔している、何とも思っていない　など、想像して書いてみましょう。

・

・

・

・

・

あなたはその考えについてどう思いますか？　腹が立つ、許そうと思うなど、思ったままに書いてみましょう。

・

・

・

・

・

5-1 相手の気持ちがわかるって？①

つらい時でも嬉しい時でも、誰かが自分の気持ちに気づき、気持ちをわかってもらえると、ほっとしたり、安心しますね。

このように相手の立場で考えたり感じたりすることで相手の気持ちがわかる、相手と同じ気持ちになるということを**「共感」**といいます。

先ほど、あなたが傷つけられた時（**被害者**になった時）の気持ちを書いてもらいました。下のような気持ちもありますね。

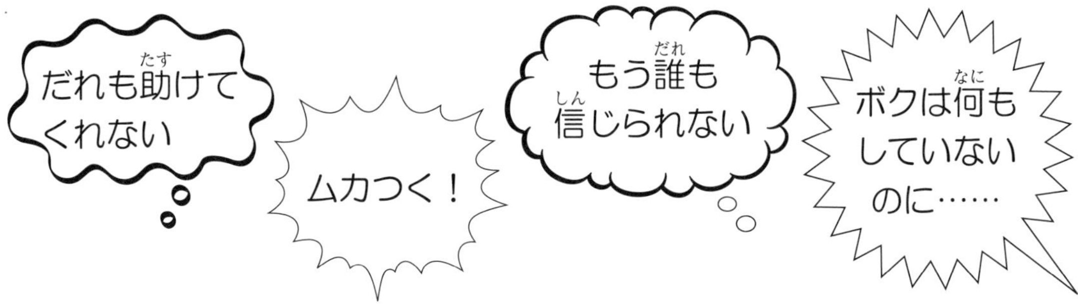

では、こんな気持ちの時、あなたの気持ちに気づき、気持ちに寄り添うような声かけをされたら（共感されたら）、どう感じますか。

共感された時の気持ち

・

・

5-2 相手の気持ちがわかるって？②

周りの人に共感してもらえると、ほっとしたり、つらい気持ちが軽くなりますが、傷ついたり、いやな気持ちになったことがなくなるわけではありません。

そして、あなたが傷ついたり、いやな気持ちになった出来事は、同じように他の人も傷ついたり、つらい気持ちになります。また、誰かを傷つけることは、あなたにとってもつらい出来事になってしまいます。

しかし、誰かをつらい気持ちにさせてしまったことにあなた自身が気づけば、その後の自分の行動を変えることにつながっていきます。

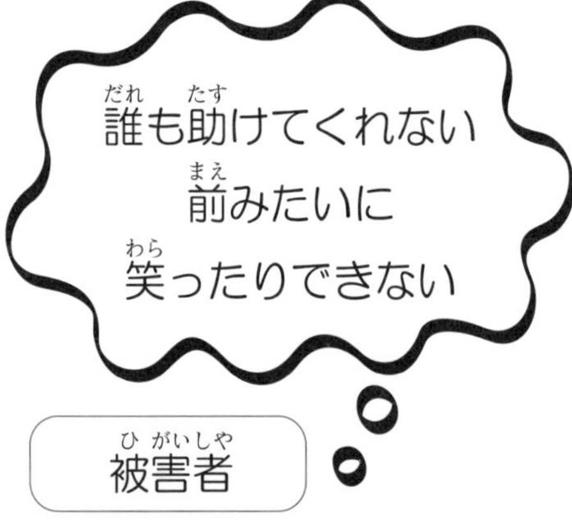

誰も助けてくれない
前みたいに
笑ったりできない
被害者

» 相手を傷つける
» 家族や友達が悲しむ・ショックを受ける
» 友達や支援者がいなくなる

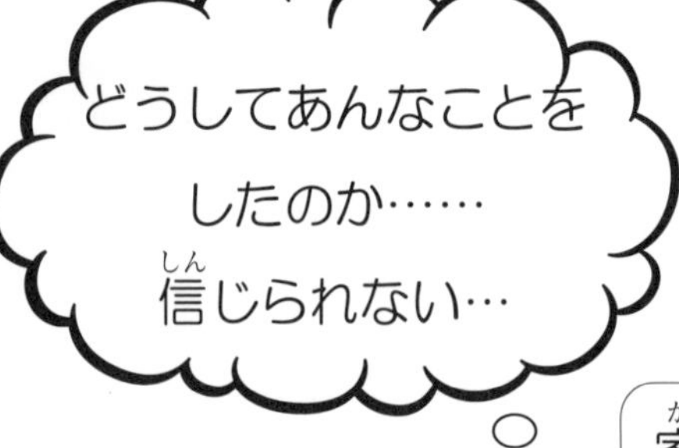

どうしてあんなことをしたのか……
信じられない…
家族・友達

同じことはしない！

6-1 みんなで考えてみよう①

いじめにあった男性

突然、職場の人が僕と口をきいてくれなくなりました。こっちを見てクスクス笑っていたり、書類を渡したら「汚い」と言われました。僕だけ必要な情報を教えてもらえず、後から上司に怒られたりすることもあります。元々仲が良かった同僚も、目を合わせたり、話しかけてくれることもありません。

先ほどと同じように、この男性の気持ちや考えを具体的に考えてみましょう。（3 被害者として自分がされたこと」[93 ページ] の下の　　の中の気持ちを参考にしてもよいです）

-
-

考えた内容を発表してみましょう。他の人の意見を聞いて、自分では思いつかなかった気持ちや考えがあれば、メモしておきましょう。

他の人の発表

6-2 みんなで考えてみよう②

電車で痴漢にあった女性

　私が一人で電車に乗っていたら、知らない男性が後ろに来て、からだを押し付けてきたり、私のおしりをさわり始めました。周りの人は気づいていないのか、誰も助けてくれません。怖くて声も出せず、何もできず、その男性が電車を降りるまで、じっと我慢しているしかありませんでした。

　この時、被害者はどんな気持ちや考えでしょうか。「怖い」「つらい」だけでなく、どうして怖いのか、どんなふうにつらいのか、具体的に考えて書いてみましょう。（3 被害者として自分がされたこと」[93 ページ] の下の　　の中の気持ちを参考にしてもよいです）

・

・

　考えた内容を発表してみましょう。他の人の意見を聞いて、自分では思いつかなかった気持ちや考えがあれば、メモしておきましょう。同じ出来事でも、人によって感じ方はさまざまです。

他の人の発表

7 性被害を受けて感じること

どんなことでも「被害を受ける」ことはつらいことです。

では、特に性被害を受けた人は、どのように感じるのでしょうか。

恐くて声も出せなかった。

みじめな気持ちと認めたくない気持ちでいっぱいだった。

（集団性的暴行事件の被害者：京都新聞より改編）

電車に乗ると、痴漢の犯人のことを思い出して気持ち悪くなってしまう。痴漢にあわなくても、性的な表現の広告や、新聞の見出しを見ると、吐き気がして、つらい。何度もトイレに駆け込んだことがある。

（犯罪被害者等の手記：警察庁ホームページより改編）

「このまま殺される……」と思った。いやなのを我慢するしかなかった。無理矢理の性行為はとても屈辱的で、私の人生も、「私」という人間も、すべてを否定されたような気がした。「私は汚れてしまった。これからどうやって生きていったらいいの？　神様、助けて」と、何度も思った。

（レイプ被害にあった女性：警察庁ホームページ）

8 自分の事件について振り返る

このページでは、自分が**加害者**になった事件を振り返りましょう。第５回（64ページ）では、みなさんの事件について、書いてもらいました。事件の時、どんなことを考えていましたか？　どんな気持ちでしたか？　その時の自分の考えや気持ちを書いてみましょう。

●自分の考えや気持ち：

事件の時、被害者はどんな気持ちだったと思いますか。
考えて書いてみましょう。

●被害者の気持ち：

9 加害者の周りの人

「加害者になる」と加害者本人だけでなく、加害者の周りの人にも影響が及びます。何もしていなくても、「加害者の家族」「加害者の知り合い」と言われ、被害者や社会から責められて、とても苦しい思いをします。

また、被害を受けるのは、被害者だけではありません。

誰かが「被害者になる」と、被害者の周りの人も傷ついたり、たくさんの被害を受けたりします。

あなたが事件を起こした時、あなたの家族はどんな被害にあったでしょうか。実際にあったことでも、想像でもいいので、書いてみましょう。

その時、家族はどんな気持ちになり、どんなことを考えたと思いますか？　家族に直接言われたことを思い出したり、想像して書いてみましょう。

10 大切な人が被害者になったら

もし、あなたの家族や友達など、大切な人が何かの被害にあったらどんな気持ちになるでしょうか。大切な人を思い浮かべて、その人が被害者になってしまったら……と想像しながら考えてみましょう。

例：大切な人が、ひったくりにあってケガをした

あなたが＿＿＿＿＿さんと一緒に歩いていると、後ろから来た人が＿＿＿＿＿さんのカバンをむりやり盗って、逃げていきました。＿＿＿＿＿さんは引っぱられたせいで転んでケガまでしてしまい、とてもショックを受けています。

あなたの隣で大切な人が被害にあったら、どんな気持ちや考えを持ちますか？

大切な人について

・＿＿＿＿＿＿＿＿＿＿

＿＿＿＿＿＿＿＿＿＿

・＿＿＿＿＿＿＿＿＿＿

＿＿＿＿＿＿＿＿＿＿

・＿＿＿＿＿＿＿＿＿＿

＿＿＿＿＿＿＿＿＿＿

加害者について

・＿＿＿＿＿＿＿＿＿＿

＿＿＿＿＿＿＿＿＿＿

・＿＿＿＿＿＿＿＿＿＿

＿＿＿＿＿＿＿＿＿＿

・＿＿＿＿＿＿＿＿＿＿

＿＿＿＿＿＿＿＿＿＿

第7回のまとめ

- 誰かに何かをされていやな気持ちになったら、それは「被害を受けた」ことになります。もし、あなたが誰かを傷つけたら、あなたは「被害を与えた」ことになり、**加害者**になります。
- 人を傷つけたり、傷つけられたりした時、「つらい思いをした」など、**被害者**がどう感じたのかということは、とても大切なことです。
- 自分がいやなことをされたら悲しくなったり腹が立つように、他の人もいやなことをされたら同じ気持ちになります。
- 自分が**加害者**にも**被害者**にもならないように気をつけることがとても大切です。

何かをする時には、自分が同じことをされたらどう感じるか、どんな気持ちになるかを考えて、相手を傷つけたりいやな気持ちにさせないように気をつけましょう！

ホームワーク⑦

もし、あなたが自分の起こした事件の**被害者**になったとしたら、どう感じるでしょうか？

被害者としての気持ちや、考えたことを、**加害者**への手紙として書いてみましょう。

＿＿＿＿＿＿＿＿＿＿＿＿さんへ

第8回

考え方のクセととらえ方（認知）の歪み ―「否認と最小化」

今回の目的

①悪いことをした時に認めるのが難しい理由を考える

②考え方のクセ（否認と最小化）を理解する

第８回のタイムスケジュール

（分）

1 週間の振り返り（10 分）

☞この 1 週間の出来事を共有する

10

前回の復習・導入（25 分）

☞前回の復習（2 分）／ホームワークを確認・共有する（22 分）

☞第 8 回の目的を確認する（1 分）

35

自分がしたことを認められない理由を考える ── 否認と最小化（30 分）

☞❶「もしも自分だったなら？」を説明、記入する（5 分）

☞❷「A さんになって考えてみよう」を記入、共有する（10分）

☞❸「悪いことを認めるのが難しい理由」を記入、共有する（10分）

60

休憩（10 分）

70

☞❹「自分がしたことを認められない理由」の説明を読む（5 分）

75

生活の中にある否認と最小化（35 分）

☞❺「毎日の生活にある『否認』と『最小化』」を選び、共有する（10 分）

☞❻「こんな時、どんなふうに考えますか？」を記入、共有する（25 分）

110

このセッションのまとめ（10 分）

☞🍀 第 8 回のまとめ、ホームワークと次回の予定を確認する

120

前回の復習

前回のホームワークで書いた手紙を見直してみてください。今度は**加害者**として**被害者**に手紙の返事を書いてみてください。

加害者として感じたことや、思っていたことを、書いてもよいです。なかなか書けない時には、伝えたい気持ちから考えてみましょう。

1 もしも自分だったなら？

同じ出来事を経験しても、人によってその時の考えや気持ちは違います。Aさん、Bさん、Cさんの考えのうち、自分の考え方に近いのは誰ですか？

とてもお腹が空いています。
テーブルにたくさんのお弁当が置いてありました。
たくさんあるので一つくらい食べても大丈夫だろうと思い、誰にも言わずに食べてしまいました。
でも、その弁当はお客さま用のものでした。
スタッフ／家族から「お弁当が一つ足りないんだけど、知らない？」と聞かれた時……

どうしよう
余りの分は
なかったんだ！

勝手に食べちゃって
ごめんなさい

A さん

ヤバい！
でも、バレなければ
怒られないよね……

え？　知らない。
ボクは食べてない

B さん

買った時に
数を間違えたかも
しれないし……

一つぐらい
どうにかなるよ

C さん

みなさんだったら、どのように考えて、どのように言いますか？

考える・思うこと

言うこと

わたしは＿＿＿＿＿＿さんの考え・行動に近い

第8回

2 Aさんになって考えてみよう

相手に「悪いことをしたな」と思う時、すぐにあやまれることもありますが、自分のしたことを認められなかったり、あやまったりできないこともあります。

前のページでは、自分ならどのように考えたり答えたりするかを想像してもらいましたが、ここではAさんになって考えてみましょう。

Aさんは、どうしてすぐに認めてあやまったのでしょう？

すぐにあやまるとどんな良い点がありますか？

すぐにあやまったAさんはどんな気持ち？
顔を描いてみましょう。

3 悪いことを認めるのが難しい理由

自分が悪いことをしたと認められない時、周りの人たちからは「ずるい」とか「悪い人だ」と思われたりするかもしれません。それがわかっていても、どうしても自分のしたことを認められなかったり、あやまったりできないこともあります。それはなぜでしょう。理由を考えてみましょう。なかなか思いつかない時は、下のヒントを見ながら考えてみましょう。

「悪いことなんかしていない！」という人の心の中は……

・

・

思い出したくないから

・はずかしい
・つらい
・腹が立つ
・もう終わったこと

自分は悪くないから

・自分も同じことをされたことがある
・責められたくない

なかったことにしたいから

・後悔している
・周りがどう思っているのか心配
・責められたくない

4 自分がしたことを認められない理由

悪いことをしてしまった時に、自分がしたことを認めるのが難しいのは、自分の心が傷つかないように守ろうとしているからです。

相手の気持ちを無視したり、相手を傷つけるかもしれない方法で自分の心を守ることは、自分勝手な考え方です。このような方法には**「否認」**と**「最小化」**というものがあります。

否認

そんなことはしていないと言う、やったことを認めない。
もともと「起こっていない」「なかった」ことだと考える。

それは僕じゃないよ！

酔っぱらっていたから思い出せないなぁ……

最小化

自分のしたことを小さい（たいしたことない）もののように、
そんなに悪いことではないと考える。

少ししかさわってないよ！

別に、相手は気にしていないだろう

5 毎日の生活にある「否認」と「最小化」

毎日の生活の中でも、**否認**や**最小化**は、いろいろなところで出てくるものです。次のような考えは、**否認**と**最小化**のどちらでしょうか？当てはまると思うほうに○をつけてみましょう。

» 借りていたものを失くしてしまって…… それ、僕が借りてたんだっけ？ 違う人に貸したんじゃないかな。	**否認・最小化**
» 友達との約束に遅刻した時… ちょっと遅れただけだし、 ちゃんと来たからいいでしょ。	**否認・最小化**
» 買い物を頼まれていたことを忘れていて…… そんなこと聞いてないよ。	**否認・最小化**
» 自分の仕事を 他の人がやってくれている時…… そんなに大変そうじゃないし、 たまにだし、ちょっとくらいいっか。	**否認・最小化**

6　こんな時、どんなふうに考えますか？

否認や**最小化**は、考え方のクセなので、いろいろな場面や状況で出てくるものです。

次の①から⑦の場面では、どんな考えが浮かんでくると思いますか？　思いついたことを、そのまま書いてみてください。

①赤信号だったが、他の人が渡っていたので、信号無視をして横断歩道を渡った。

考え：＿＿＿＿＿＿＿＿＿＿＿＿＿＿＿＿＿＿＿＿

②借りていた本にお茶をこぼしてしまったが、黙ってそのまま返したら、相手に「本、汚れてたけど……」と言われた。

考え：＿＿＿＿＿＿＿＿＿＿＿＿＿＿＿＿＿＿＿＿

③ゴミ捨ての当番だとわかっていたが、面倒くさくなってそのままにした。

考え：＿＿＿＿＿＿＿＿＿＿＿＿＿＿＿＿＿＿＿＿

④好きな女性の友達と二人きりになったので、抱きついた。

考え：＿＿＿＿＿＿＿＿＿＿＿＿＿＿＿＿＿＿＿＿

⑤たまたま女性の更衣室の扉が少し開いていて、中が見えたので、
こっそりのぞいた。

考え：＿＿＿＿＿＿＿＿＿＿＿＿＿＿＿＿＿＿＿＿

⑥周りに誰もいなかったので、書店で売っている本を一冊だけ
こっそりカバンの中に入れた。

考え：＿＿＿＿＿＿＿＿＿＿＿＿＿＿＿＿＿＿＿＿

⑦混雑した場所で近くにいた女性のおしりに、偶然、手が触れた。
相手は黙っていたので、そのままさわり続けた。

考え：＿＿＿＿＿＿＿＿＿＿＿＿＿＿＿＿＿＿＿＿

第8回のまとめ

- 間違ったことをした時に、正直に「自分が悪い」と認めるのは難しいことです。しかし、「やっていない」と嘘をついたり、「そんなに悪いことじゃない」と考えたりすると、その結果、相手のことも自分のことも傷つけることになります。
- 反対に、できなかったことや、できるか自信がないことを、「できた」「できる」と言うことも、正直とはいえません。
- いつも正直な自分でいるだけで、周りの人だけでなく、自分のことも守ることができます。
- 考え方のクセは誰にでもありますが、自分の考え方のクセを知っていれば、良くない考え方のクセが出てきた時に、「悪い考えだ」と気づくことができます。否認や最小化といった考え方のクセが出ていないか、毎日の生活の中でも気をつけてみましょう。

ホームワーク⑧

同じ場面であっても、その時どんなことを考えるかは、人それぞれ違います。また、ある決まった場面だけで出てくる考え方もあります。それもあなたの考え方のクセです。

自分にどんな考え方のクセがあるのかを知っておくことは、とても大切なことです。次の表（118～119ページ「わたしの考え方のクセ」）を使って、自分にどんな考え方のクセがあるのか、調べてみましょう。

はじめに、「①事件の時」にあった考え方に○をつけましょう。

次に、「②今の自分」についてこうしたことを考えることがあるか、○をつけてみましょう。

わたしの考え方のクセ

下に書かれている文章は，性犯罪と関連した考え方のクセです。

①64ページに書いた，事件の時のことを思い浮かべてください。その時の自分の考えに近いものがあれば，白い枠内に○をつけてみましょう。

②これまでに考えたことがあるもの，今もそう考えているものにも，白い枠内に○をつけてみましょう。

	考え方のクセ	①事件の時	②今の自分
1	相手が「いやだ」と言っていても、本当に嫌がっているわけではない		
2	強く抵抗しなかったということは、無理やり性行為をしたのではないということだ（同意しているということ）		
3	襲われた時はショックでも、後になれば大したことないだろうし、きっとそのうち忘れるだろう		
4	痴漢のネットサイトやDVDがあるのは、きっとみんなも痴漢を楽しんでいるからだ（“犯罪”なんて、大げさだ）		
5	ストレス発散のためなら女性や子どもに何をしてもいい		
6	子どもは、優しくさえしてあげれば怖くないだろうし、何をされているかわからないから傷つくこともない		
7	夜、独りで歩いている女性は、襲われても仕方がないし、むしろ，こちらを誘っているということだ		
8	証拠がなければ、バレないだろうし、バレなければ、やっていないのと同じことだ		
9	女性が肌を出した服を着たり、短いスカートをはくのは、見られたり、さわられてもいいサインで、こちらを誘っているということだ		
10	セックスを仕事にしている人もいるくらいだから、性行為は犯罪ではないし、どんな女性も実際には、それほど傷ついていないだろう		
11	子どもは、“秘密の遊び”を楽しんでいただろうし、すぐに忘れるだろうから、問題ない		

	考え方のクセ	①事件の時	②今の自分
12	自分の性格や性的な好みは変えられないけれど、違法な行為（性犯罪を含む）でも、やめようと思えばいつでもやめられるから大丈夫だ		
13	女性が自分に親切にするのは、性的な関係になりたいという下心があるからだ		
14	女性も本当は、アダルトビデオやアダルトサイト（インターネット）のようなことをしたがっているはず		
15	満員電車なんだから、偶然、さわってしまうのは仕方がない（疑われたり騒がれたりするのは迷惑だ）		
16	自分なら、相手に何をしても構わないし、相手も自分には逆らえないだろう		
17	一度、性欲が高まったら、性的なことで発散しないとおさえられないのは当然だ		
18	下着を家の外に干しているのだから、盗まれても仕方がない（盗んだ人は悪くない）		
19	子どもは脅せば黙っているし、まだ体も小さいから何をしても抵抗しないはずだ		
20	被害者は、被害にあったことをきっとまわりには話さないだろう		
21	警察に逮捕されなければ何をしてもいい		
22	相手は怖がっていなかったし、むしろ相手も楽しんでいたと思う		
23	自分の性欲が発散できれば、多少相手が傷ついても構わない		
24	自分も子どもの時に同じような目に遭ったから、同じことをしても構わない（許される）		
25	怒鳴ったり、暴力をふるったりしていないし、自分よりもっとひどいことをやっている人もいるんだから大したことない		

第9回

性犯罪に関連した考え方のクセととらえ方（認知）の歪み

今回の目的

①性犯罪に関連した考え方のクセととらえ方（認知）の歪みを理解する

②性犯罪に関連した自分の考え方のクセを知る

第9回のタイムスケジュール

（分）

1週間の振り返り（10分）

☞この1週間の出来事を共有する

前回の復習・導入（25分）

10

☞前回の復習をする（12分）

☞ホームワークを確認・共有する（12分）

☞第9回の目的を確認する（1分）

35

性犯罪に関連した考え方のクセととらえ方（認知）の歪み（10分）

☞**1-1**「性犯罪に関連したとらえ方（認知）の歪み①」の説明を読む（10分）

45

休憩（10分）

55

性犯罪に関連した自分のとらえ方（認知）のクセ②（55分）

☞**1-2**「性犯罪に関連したとらえ方（認知）の歪み②」の説明を読む（15分）

☞別紙プリント「わたしの考え方のクセ」を使用して話し合う（18分）

☞**2**「わたしの考え方のクセについて考える」を記入，共有する（12分）

☞**3**「性犯罪に関連したとらえ方（認知）の歪みと否認と最小化」の説明を読む（10分）

110

このセッションのまとめ（10分）

☞ 🍀 第9回のまとめ、ホームワークと次回の予定を確認する

120

ホームワークの確認

前回のホームワークでは、みなさんの考え方のクセについて「事件の時、考えていた」「今でも考えることがある」など、考え方のリストに○をつけてもらいました。

否認と**最小化**、どのような考え方が多かったでしょうか？　数えてみましょう。

わたしの考え方のクセ

下に書かれている文章は，性犯罪と関連した考え方のクセです。

①64ページに書いた，事件の時のことを思い浮かべてください。その時の自分の考えに近いものがあれば，白い枠内に○をつけてみましょう。

②これまでに考えたことがあるもの，今もそう考えているものにも，白い枠内に○をつけてみましょう。

	考え方のクセ	①事件の時	②今の自分
1	相手が「いやだ」と言っていても、本当に嫌がっているわけではない		
2	強く抵抗しなかったということは、無理やり性行為をしたのではないということだ（同意しているということ）		
3	襲われた時はショックでも、後になれば大したことないだろうし、きっとそのうち忘れるだろう		
4	痴漢のネットサイトやDVDがあるのは、きっとみんなも痴漢を楽しんでいるからだ（“犯罪”なんて、大げさだ）		
5	ストレス発散のためなら女性や子どもに何をしてもいい		
6	子どもは、優しくさえしてあげれば怖くないだろうし、何をされているかわからないから傷つくこともない		
7	夜、独りで歩いている女性は、襲われても仕方がないし、むしろ，こちらを誘っているということだ		
8	証拠がなければ、バレないだろうし、バレなければ、やっていないのと同じことだ		
9	女性が肌を出した服を着たり、短いスカートをはくのは、見られたり、さわられてもいいサインで、こちらを誘っているということだ		
10	セックスを仕事にしている人もいるくらいだから、性行為は犯罪ではないし、どんな女性も実際には、それほど傷ついていないだろう		
11	子どもは、“秘密の遊び”を楽しんでいただろうし、すぐに忘れるだろうから、問題ない		
12	自分の性格や性的な好みは変えられないけれど、違法な行為（性犯罪を含む）でも、やめようと思えばいつでもやめられるから大丈夫だ		
13	女性が自分に親切にするのは、性的な関係になりたいという下心があるからだ		
14	女性も本当は、アダルトビデオやアダルトサイト（インターネット）のようなことをしたがっているはず		
15	満員電車なんだから、偶然、さわってしまうのは仕方がない（疑われたり騒がれたりするのは迷惑だ）		
16	自分なら、相手に何をしても構わないし、相手も自分には逆らえないだろう		
17	一度、性欲が高まったら、性的なことで発散しないとおさえられないのは当然だ		
18	下着を家の外に干しているのだから、盗まれても仕方がない（盗んだ人は悪くない）		
19	子どもは脅せば黙っているし、まだ体も小さいから何をしても抵抗しないはずだ		
20	被害者は、被害にあったことをきっとまわりには話さないだろう		
21	警察に逮捕されなければ何をしてもいい		
22	相手は怖がっていなかったし、むしろ相手も楽しんでいたと思う		
23	自分の性欲が発散できれば、多少相手が傷ついても構わない		
24	自分も子どもの時に同じような目に遭ったから、同じことをしても構わない（許される）		
25	怒鳴ったり、暴力をふるったりしていないし、自分よりもっとひどいことをやっている人もいるんだから大したことない		

○の数　否認は＿＿＿個、最小化は＿＿＿個

1-1 性犯罪に関連したとらえ方（認知）の歪み①

「わたしの考え方のクセ」の表にあった考え方は、どれも性犯罪につながりやすい考え方の例です。こうした考え方のクセは、次にあるようなとらえ方（認知）の歪みから生まれます。普段の生活でも、このようなとらえ方（認知）の歪みがないかどうか、確認しながら見てみましょう。

①被害者意識 **相手や周りのせいにする**	**自分のほうが被害者だと言ったり、相手のせいにすること** 例： » 向こうが僕を誘ってきたからさわったんだ » そっちが先に言い出したんじゃないか！
②共感力不足 **人の気持ちがわからない**	**被害者の苦しみや恐怖がわからないこと** 例： » 被害者はあまりいやがっていなかったよ » 何がそんなに怖いの？

性犯罪に関連したとらえ方（認知）の歪み①

③道徳・ルールの軽視	**社会の一員として守るべきルールを軽く考えたり、ものごとの善悪を考えずに行動すること** 例： » 捕まらなければ何をしてもいい » 大して悪いことじゃない
④超楽観主義 ・よく考えずに行動する ・勘違い ・都合のいい考え	**相手の気持ちをまったく考えなかったり、相手のことよりも、自分の都合を優先して考えたり、行動すること** 例： » 被害者とデートしたいから誘ってみよう » 向こうも僕に会いたいと思っているはず
⑤所有権／支配欲 ・自分のもの ・自分は何でも許される	**自分は相手より上だと考えて、相手を自分の道具や自分のもののように利用したり傷つけたりすること** 例： » あいつは僕の言うことに逆らえないから何をしてもいいんだ » なんで僕を怒らせるようなことをするんだ！

1-2 性犯罪に関連したとらえ方（認知）の歪み②

とらえ方（認知）の歪みは、性犯罪とは関係のない、毎日の生活の中の行動にも表れてきます。

下にある５つのとらえ方（認知）の歪みのどれに当てはまりますか？

場面・考え	とらえ方（認知）の歪み
場面： 買いものに行って、商品を倒して壊してしまった 考え： » こんなところに置いてあるのが悪いんだ！	①被害者意識 ②共感力不足 ③道徳・ルールの軽視 ④超楽観主義 ⑤所有権／支配欲
場面： よそ見をして歩いていたら、走ってきた子どもとぶつかり、子どもが大声で泣き始めてしまった 考え： » ちょっとぶつかっただけなのに、なんでそんなに泣くんだろう	①被害者意識 ②共感力不足 ③道徳・ルールの軽視 ④超楽観主義 ⑤所有権／支配欲

それでは、５つのとらえ方（認知）の歪みに当てはまりそうな行動について自分の生活を振り返って、書いてみましょう。

場面・考え	とらえ方（認知）の歪み
場面： ____________________ 考え： ____________________	①被害者意識 ②共感力不足 ③道徳・ルールの軽視 ④超楽観主義 ⑤所有権／支配欲

2 わたしの考え方のクセについて考える

「わたしの考え方のクセ」（118～119ページ）で、事件の時と今の自分では考え方が変化した理由を書きましょう。

【書き方の例】

» 以前の考え方

相手がいやだと言っても、本当にいやがっているわけではない。

» 考え方が変化した理由

相手の表情を見ずに、自分の気持ちで行動していた。

今は相手の表情を見て気持ちがわかるようになった。

» 以前の考え方①

» 考え方が変化した理由

» 以前の考え方②

» 考え方が変化した理由

3 性犯罪に関連したとらえ方（認知）の歪みと否認と最小化

性犯罪についても，自分のとらえ方（認知）の歪みが大きく関係しています。自分のとらえ方（認知）の歪みがどんな考え方のクセとつながっているのか，否認と最小化との関係を見てみましょう。

- **被害者意識**
- **共感力不足（人の気持ちがわからない）**
- **道徳・ルールの軽視**
- **超楽観主義**
- **所有権／支配欲**

第9回のまとめ

- 否認と最小化を色分けした「わたしの考え方のクセ」の別紙プリントを参考に、自分の考え方のクセ（最小化が多い、否認が多いなど）を確認しましょう。
- 自分の考え方のクセを知っていれば、悪い考え方のクセが出てきた時に、それが悪い考えなのだと気づくことができます。
- 性犯罪に関連する考え方のクセは、どれも被害者のことを軽く考えていたり、加害者の行動が正しいとするような内容です。被害者の気持ちを無視して、自分本位な気持ちで行動してはいけないことを忘れないようにしましょう。

ホームワーク⑨

これまでに、みなさんが**否認**や**最小化**をしていたことを振り返ってみましょう。どんなことでもいいので、自分が何かを正直に認められなかったことを思い出して書いてみましょう。

また、その時どうしていればよかったのか、同じことがあったら今ならどうするかについても考えてみましょう。

【例】

自分がしたこと：友達のコップを割ってしまった

否認・最小化の内容：気に入ってなさそうだったから大丈夫

今なら：あやまって、弁償したほうがいいか聞いてみる

自分がしたこと：＿＿＿＿＿＿＿＿＿＿

否認・最小化の内容：＿＿＿＿＿＿＿＿＿＿

今なら：＿＿＿＿＿＿＿＿＿＿

自分がしたこと：＿＿＿＿＿＿＿＿＿＿

否認・最小化の内容：＿＿＿＿＿＿＿＿＿＿

今なら：＿＿＿＿＿＿＿＿＿＿

第10回

行動のABC

今回の目的

①行動が起こる仕組みを理解する

②性犯罪に関連した行動の仕組みを考える

第 10 回のタイムスケジュール

（分）

1 週間の振り返り（10 分）

☞この 1 週間の出来事を共有する

10

前回の復習・導入（25 分）

☞前回の復習をする（12 分）

☞ホームワークを確認・共有する（12 分）

☞第 10 回の目的を確認する（1 分）

35

行動の起こる仕組み（15 分）

☞ **1-1** 「毎日の行動って、どういう仕組み？①」を記入する(10 分)

☞ **1-2** 「毎日の行動って、どういう仕組み？②」の説明を読む(5 分)

50

ABC モデルを使って自分の行動の仕組みを考える（20 分）

☞ **2-1** **2-2** 「ABC モデルの例──日常生活編①②」を記入する(15 分)

☞ **3** 「ABC モデルの例 ── 犯罪行動編」の説明を読む（5 分）

70

休憩（10 分）

80

行動の結果を変える（30 分）

☞ **4-1** 「ABC モデルの例──結果を変える①」の説明を読む（7 分）

☞ **4-2** 「ABC モデルの例──結果を変える②」を記入する(10 分)

☞ **5** 「ABC モデルで自分の事件を整理する」を記入する（13 分）

110

このセッションのまとめ（10 分）

☞ 第10 回のまとめ、ホームワークと次回の予定を確認する

120

1-1 毎日の行動って、どういう仕組み？①

私たちは、毎日いろんなことをしながら過ごしています。その行動には、いつも理由（きっかけ：どうしてその行動をすることになったのか）があります。

まずは、毎日の生活の中から、一つの行動のきっかけを考えてみましょう。

たとえば……「お昼ごはんを食べた」という行動

お昼ごはんを食べた理由（どうして？）

» お腹が＿＿＿＿＿＿＿＿＿＿＿＿＿＿

»

»

行動（あなたがすること）

» お昼ごはんを食べた

お昼ごはんを食べて、どうなった？

»

»

»

1-2 毎日の行動って、どういう仕組み？②

行動を始める理由を、**きっかけ**と呼びます。

- ○○したいといった欲求
- いつもしている日課　　などがきっかけになります。

行動とは、**きっかけ**によって、その時にあなたが「すること」です。
行動の結果とは、その**行動**をした次に「起こること」です。

【A：きっかけ】（行動を始める理由）

» お腹が空いた

» お昼の時間になった

【B：行動】（あなたがすること）

» お昼ごはんを食べた

【C：行動の結果】（次に起こること）

» お腹いっぱいになった

» 満足した

この　**きっかけ→行動→行動の結果**　の流れを**ABCモデル**といいます。

2-1 ABCモデルの例 ── 日常生活編①

それでは、みなさんが普段している行動についてABCモデルを使って整理してみましょう。

例①　歯みがき

【A：きっかけ】（行動を始める理由）	【B：行動】（あなたがすること）	【C：行動の結果】（次に起こること）
» ごはんを食べた	» 歯みがきをする	» 虫歯にならない
	» （めんどうなので）歯みがきをしない	» 虫歯になる

例②　お風呂に入る

【A：きっかけ】（行動を始める理由）	【B：行動】（あなたがすること）	【C：行動の結果】（次に起こること）
» 汗をかいた	» お風呂に入る	» さっぱりする
	» （めんどうなので）＿＿＿＿＿＿	» ＿＿＿＿＿＿

2-2 ABC モデルの例 ── 日常生活編②

例③　病院へ行く

【A：きっかけ】 （行動を始める理由）	【B：行動】 （あなたがすること）	【C：行動の結果】 （次に起こること）
» からだの具合が悪い	» 病院を予約して受診する	»
	»	»

例④

【A：きっかけ】 （行動を始める理由）	【B：行動】 （あなたがすること）	【C：行動の結果】 （次に起こること）
»	»	»
	»	»

3 ABCモデルの例 ── 犯罪行動編

犯罪も良くない行動の一つです。ABCモデルを使って整理することができます。

例① 窃盗

【A：きっかけ】（行動を始める理由）	【B：行動】（あなたがすること）	【C：行動の結果】（次に起こること）
» 新発売のマンガ本を見つけた	» 読みたいからマンガ本を盗む	» 警察に捕まる

例② 性犯罪

【A：きっかけ】（行動を始める理由）	【B：行動】（あなたがすること）	【C：行動の結果】（次に起こること）
» 好みの女性を見かけた	» 気になるから女性の家まで後をつける	» 警察を呼ばれて逮捕される

4-1 ABCモデルの例 ── 結果を変える①

行動の結果が「悪いもの」になってしまった時、次に同じことをしないためには、どうしたらよいでしょうか。行動の結果は、あなたの行動によって変わります。「良い結果」に変えるために、行動をどのように変えたらいいかを考えましょう。

例：窃盗

【A：きっかけ】
（行動を始める理由）
» 新発売のマンガ本を見つけた

【B：行動】
（あなたがすること）
» 読みたいからマンガ本を盗む

【C：行動の結果】
（次に起こること）
» 警察に捕まる

【B：別の行動】
（どうしていたらよかったか）
» 新発売のマンガ本はがまんして、持っているお金で買えるものを買う
» マンガ本を買うためにお金を貯める

【C：別の結果】
（行動を変えた結果）
» その時は満足できる
» 誰にも迷惑をかけずにマンガ本を読める

結果を変えるためには「行動を変える」ことがポイント！

4-2 ABCモデルの例 ── 結果を変える②

では、次のような場面では、どのような行動に変えると逮捕されないで済むでしょうか。下の枠の中に書いてみましょう。

例：性犯罪

【A：きっかけ】
（行動を始める理由）
» 好みの女性を見かけた

【B：行動】
（あなたがすること）
» 気になるから女性の家まで後をつける

【C：行動の結果】
（次に起こること）
» 警察を呼ばれて逮捕される

【B：別の行動】
（どうしていたらよかったか）
»

»

»

【C：別の結果】
（行動を変えた結果）
» 逮捕されない

»

»

5 ABCモデルで自分の事件を整理する

では、あなたの事件は、【A】どんなことがきっかけで、【B】どんなことをした結果、【C】どうなったでしょうか。また、行動の結果を変える（逮捕されない）ためには、どうしていたらよかったのでしょうか。

それぞれの枠に書いて、整理してみましょう。

あなたの事件

【A：きっかけ】
（行動を始める理由）

»

»

【B：行動】
（あなたがすること）

»

»

【C：行動の結果】
（次に起こること）

» 警察に逮捕された

»

【B：別の行動】
（どうしていたらよかったか）

»

»

【C：別の結果】
（行動を変えた結果）

» 逮捕されない

»

第10回のまとめ

- 「きっかけ」とは、行動を始める理由のことです。
行動の結果とは、その行動をした後に「起こること」です。
きっかけ→行動→行動の結果 の流れのことを **ABC モデル** といいます。
- 行動の結果には、「良い結果」と「悪い結果」があります。
悪い結果にならないためには、良い結果になるような、別の行動をすることが必要です。
- 自分もまわりも、心地よく過ごせるような「行動の結果」になるように、今の自分の「行動」を変えてみましょう。

今日勉強したことを見直して、どんな行動をすればどんな結果になるのかを考えながら過ごしましょう！

ホームワーク⑩

次回までの１週間で起こった出来事について、ABCモデルを使って整理してみましょう。良かったことと、良くなかったことについて、それぞれ書いてみましょう。

良かったこと、嬉しかったこと（出来事）

【A：きっかけ】
（行動を始める理由）
»

【B：行動】
（あなたがすること）
»

【C：行動の結果】
（次に起こること）
»

ああしていればと思ったこと、イラッとしたこと（出来事）

【A：きっかけ】
（行動を始める理由）
»

【B：行動】
（あなたがすること）
»

【C：行動の結果】
（次に起こること）
»

【B：別の行動】
（どうしていたらよかったか）
»

【C：別の結果】
（行動を変えた結果）
»

第11回

思考・感情・行動モデル ①

今回の目的

①行動に関連する気持ちや考えについて知る

②きっかけから行動の結果までの流れを整理する

第 11 回のタイムスケジュール

（分）

1 週間の振り返り（10 分）

☞この 1 週間の出来事を共有する

10

前回の復習・導入（25 分）

☞前回の復習をする（12 分）

☞ホームワークを確認・共有する（12 分）

☞第 11 回の目的を確認する（1 分）

35

ABC モデルと思考・感情・行動モデル（25 分）

☞**1**「ABC モデルの復習」**2**「ABC モデルと考え・気持ち」の説明を読む(10 分)

☞**3**「行動の背景にある考えと気持ち」の説明を読む、話し合う(10 分)

☞**4**「思考・感情・行動モデルとは」の説明を読む（5 分）

60

休憩（10 分）

70

思考・感情・行動モデル（40 分）

☞**5-1**「思考・感情・行動モデル一思ったこと、感じたことを言葉にする」の説明を読む、共有する(10 分)

☞**5-2**「思考・感情・行動モデル一考えと気持ちを区別する」を記入、共有する（15 分）

☞**5-3**「思考・感情・行動モデル一まとめ①」の説明を読む（5 分）

☞**5-4**「思考・感情・行動モデル一まとめ②」を記入、共有する（10 分）

110

このセッションのまとめ（10 分）

☞ 🍀 第 11 回のまとめ、ホームワークと次回の予定を確認する

120

1 ABCモデルの復習

前回は、ABCモデルを使って、**行動**の仕組みと、**行動**やその**結果**を変える方法を学びました。

行動そのものを変えれば、行動の結果は変わります。

ABCモデル

【A：きっかけ】（行動を始める理由）	【B：行動】（あなたがすること）	【C：行動の結果】（次に起こること）
» ごはんを食べた	» 歯みがきをしないで、ゴロゴロする	» 口臭が気になる » 虫歯になる
	【B：別の行動】（どうしていたらよかったか）	【C：別の結果】（行動を変えた結果）
	» 歯みがきをする	» 口の中も気分もさっぱりする » 虫歯にならない

2 ABC モデルと考え・気持ち

何かきっかけがあった時、その時の**考え**や**気持ち**も、行動に大きく影響しています。

【A：きっかけ】
（行動を始める理由）

» ごはんを食べた

【B：行動】
（あなたがすること）

» 歯みがきをしないで、ゴロゴロする

【C：行動の結果】
（次に起こること）

» 口臭が気になる
» 虫歯になる

面倒くさいな……

1回くらい歯みがきしなくても大丈夫だろう……

虫歯になりたくない

歯みがきを続けていてよかった

歯みがきをしないとなんだかすっきりしない……

【B：別の行動】
（あなたがすること）

» 歯みがきをする

【C：別の結果】
（行動を変えた結果）

» 口の中も気分もさっぱりする
» 虫歯にならない

3 行動の背景にある考えと気持ち

出来事に対して浮かんできた**考え**や**気持ち**が**きっかけ**となって、行動することもあります。左の列に書かれているような**出来事**があった時に、どのように行動するかはその人次第です。

行動の背景には、その人の考えや気持ちがあります。

つまり、どんな行動にも、その前にその人の考えや気持ちがあるのです。

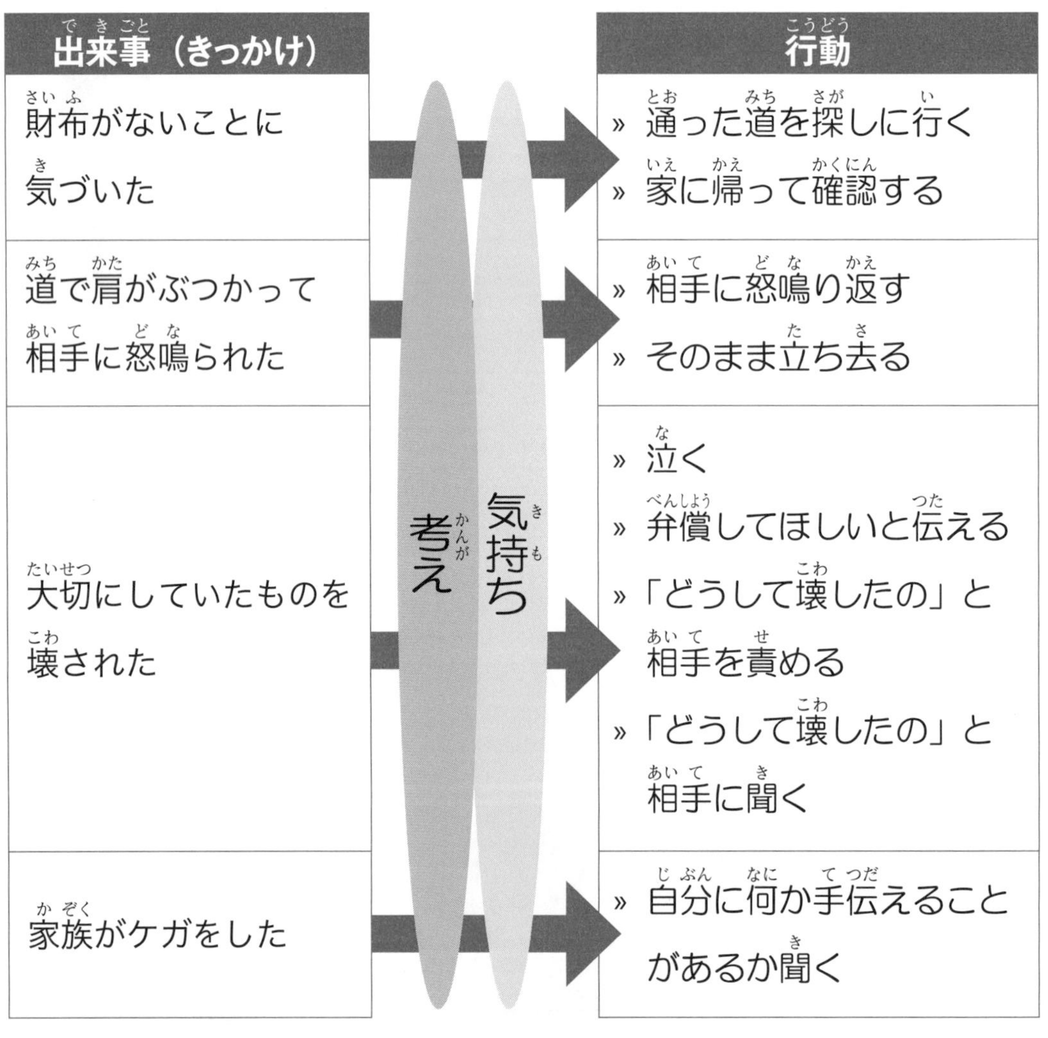

出来事（きっかけ）	行動
財布がないことに気づいた	» 通った道を探しに行く » 家に帰って確認する
道で肩がぶつかって相手に怒鳴られた	» 相手に怒鳴り返す » そのまま立ち去る
大切にしていたものを壊された	» 泣く » 弁償してほしいと伝える » 「どうして壊したの」と相手を責める » 「どうして壊したの」と相手に聞く
家族がケガをした	» 自分に何か手伝えることがあるか聞く

4 思考・感情・行動モデルとは

それでは、**考え**や**気持ち**とはなんでしょうか？

人の行動にはきっかけがありますが、そのきっかけは、その人の**思考（考え）**や**感情（気持ち）**の場合もあります。同じ場面でも、どう**感じて**どう**考える**かによって、**行動**も変わります。

例：知っている人が、挨拶もせずに通り過ぎてしまった

【考え】

わたしのことなんて、

気にかけてくれないんだ……

【気持ち】

・悲しい

・しょんぼり

【考え】

挨拶くらい

してくれてもいいのに！

【気持ち】

・イライラ

【行動】

その場で

泣いて

しまった

【行動】

相手を

殴って

しまった

こうした考え・気持ち・行動の流れを、**「思考・感情・行動モデル」**といいます。

※88ページにある「いろいろな表情」のイラストも参考にしてみましょう

5-1 思考・感情・行動モデル ―思ったこと、感じたことを言葉にする

まずは、出来事に対する自分の**考え**や**気持ち**を言葉にしてみましょう。

下に取り上げたような出来事（きっかけ）があった時、みなさんはどんなことを**感じた**り、**思った**りしますか。また、最近の出来事を１つ記入し、その出来事について思ったこと、感じたことも記入してみましょう。

出来事（きっかけ）	思ったこと、感じたこと
【例】 今日の晩ごはんはカレーだ	» 大好きなカレーが食べられる！ » 嬉しい！
財布がないことに気づいた	» 困った。あせり、不安 » どこで落としたんだ
道で肩がぶつかって相手に怒鳴られた	» 何で怒鳴られるんだ！ » イライラする、怖い
大切にしていたものを壊された	» 悲しい、ショック、怒り » なんでこんなことしたんだ !!
家族がケガをした	» 大丈夫かな。心配 » 何か手伝えることあるかなぁ
	» »

思考・感情・行動モデル ── 考えと気持ちを区別する

考えと**気持ち**を区別することは難しいかもしれません。

いくつか、**考え**と**気持ち**を区別する練習をしてみましょう。

前のページを見ながら、下のような場面での考えや気持ちを、区別して、記入してみましょう。

出来事（きっかけ）	考え	気持ち
今日の晩ごはんはカレーだった	» 大好きなカレーが食べられる！	» 嬉しい！
財布がないことに気づいた		
道で肩がぶつかって相手に怒鳴られた		
大切にしていたものを壊された		
家族がケガをした		

考えと**気持ち**では、**気持ち**のほうがわかりやすいかもしれません。

5-3 思考・感情・行動モデル ーまとめ①

出来事（きっかけ）から行動の結果までの流れを整理して見てみましょう。

例①

出来事（きっかけ）	考え	気持ち	行動	結果
ごはんを食べた	歯みがきしないとすっきりしない……	不快 気持ち悪い めんどくさい	歯みがきする	虫歯にならない

例②

出来事（きっかけ）	考え	気持ち	行動	結果
カレーの匂いがする	大好きなカレーが食べられる！	嬉しい！	晩ごはんにカレーを食べる	満腹になる

例③

出来事（きっかけ）	考え	気持ち	行動	結果
財布がないことに気づいた	どこかで落としたのかなぁ……	困った あせり 不安	探しに行く	道に落ちているのを見つけた

5-4 思考・感情・行動モデル —まとめ②

それでは、下の表を埋めながら、**出来事（きっかけ）**から**行動の結果**までの流れをまとめてみましょう。

出来事（きっかけ）	考え	気持ち	行動	結果
大切なものを壊された				

下の表には、最近の出来事について、自由に記入してみましょう。

出来事（きっかけ）	考え	気持ち	行動	結果

第11回のまとめ

- ある出来事を体験した時の考えや気持ちは、人それぞれです。こうした考えや気持ちによって、その後の行動が変わります。
  考え（思考）→気持ち（感情）→行動の流れを**思考・感情・行動モデル**といいます。
- 考えと気持ちを区別することは難しいことですが、考えと気持ちでは、気持ちのほうがわかりやすいことが多いようです。
- 行動のきっかけ、その時の考え、気持ち、そして行動とその結果というように、一つの出来事や行動は一つの流れとして整理することができます。

ホームワーク⑪

次のセッションまでの間に起こった出来事を、思考・感情・行動モデルに当てはめてみましょう。どんな内容でもいいですが、その行動が良い行動だったか、悪い行動だったか、○をつけられるとよいですね。

出来事（きっかけ）：＿＿＿＿＿＿＿＿＿＿＿＿＿＿＿＿＿＿＿＿＿＿＿＿

【考え】	【気持ち】	【行動】
» »	» »	» » 良い・悪い行動

出来事（きっかけ）：＿＿＿＿＿＿＿＿＿＿＿＿＿＿＿＿＿＿＿＿＿＿＿＿

【考え】	【気持ち】	【行動】
» »	» »	» » 良い・悪い行動

出来事（きっかけ）：＿＿＿＿＿＿＿＿＿＿＿＿＿＿＿＿＿＿＿＿＿＿＿＿

【考え】	【気持ち】	【行動】
» »	» »	» » 良い・悪い行動

第12回

思考・感情・行動モデル ②

今回の目的

①行動に関連する気持ちや考えを意識する

②考えを変えて気持ちや行動を変える方法を学ぶ

第 12 回のタイムスケジュール

（分）

1 週間の振り返り（10 分）

☞この 1 週間の出来事を共有する

10

前回の復習・導入（25 分）

☞前回の復習をする（12 分）

☞ホームワークを確認・共有する（12 分）

☞第 12 回の目的を確認する（1 分）

35

思考・感情・行動モデルを使って行動を変える①（35 分）

☞ **1**「悪い行動につながる考えと気持ち」の説明を読む(5 分)

☞ **2-1**「行動を変える①」の説明を読む(5 分)

☞ **2-2**「行動を変える②」を記入、共有する(10 分)

☞ **2-3**「行動を変える③」を記入、共有する(15 分)

70

休憩（10 分）

80

思考・感情・行動モデルを使って行動を変える②（30 分）

☞ **3-1** **3-2**「思考・感情・行動モデルを使って自分の事件を整理する①②」を記入する

110

このセッションのまとめ（10 分）

☞ 第 12 回のまとめ、ホームワークと次回の予定を確認する

120

1 悪い行動につながる考えと気持ち

考えや気持ちによっては、悪い行動をとってしまうこともあります。犯罪は悪い行動の一つです。

出来事：本屋で読みたいと思っていたマンガ本を見つけた

【考え】

- 本を買うにはお金が足りない！
- 一冊くらい盗んでもバレないだろう

【気持ち】

- イライラ
- ドキドキ

【行動】

- 本をカバンの中にこっそり入れる

出来事：ゴミを捨てたいのに、ゴミ箱が見あたらなかった

【考え】

- 早くゴミ箱に捨てたいのに……
- ゴミ箱がないのがいけないんだ！

【気持ち】

- 焦り
- ムカムカ

【行動】

- ゴミを道にポイ捨てする

2-1 行動を変える①

本を盗むことは犯罪なので、悪い**行動**です。

前回のABCモデルと同じように、**行動**を変える方法を考えてみましょう。**行動**を良いものに変えるコツは、まずは考えを変えることです。そうすると、悪い行動につながる気持ちも自然に変わってくるのです。

出来事：本屋で読みたいと思っていたマンガ本を見つけた

【考え】
- 本を買うにはお金が足りない！
- 一冊くらい盗んでもバレないだろう

【気持ち】
- イライラ
- ドキドキ

【悪い行動】
- 本をカバンの中にこっそり入れる

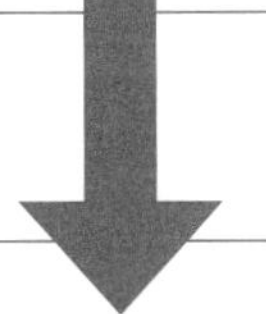

【考え】
- お金をためて買おう
- 盗んだら警察に捕まる

【気持ち】
- 楽しみ
- 怖い

【良い行動】
- お金をためて本を買う
- 盗まない

行動を変えるためには「考えを変える」ことがポイント！

2-2 行動を変える②

それでは、**行動**を変える練習をしてみましょう。次のようなことが起こった時、考えや気持ちをどのように変えたら、良い行動につながると思いますか？　悪い行動から良い行動に変わるように、**考え**や**気持ち**、良い**行動**を書いてみましょう。

出来事：道を歩いていたら、突きとばされた！

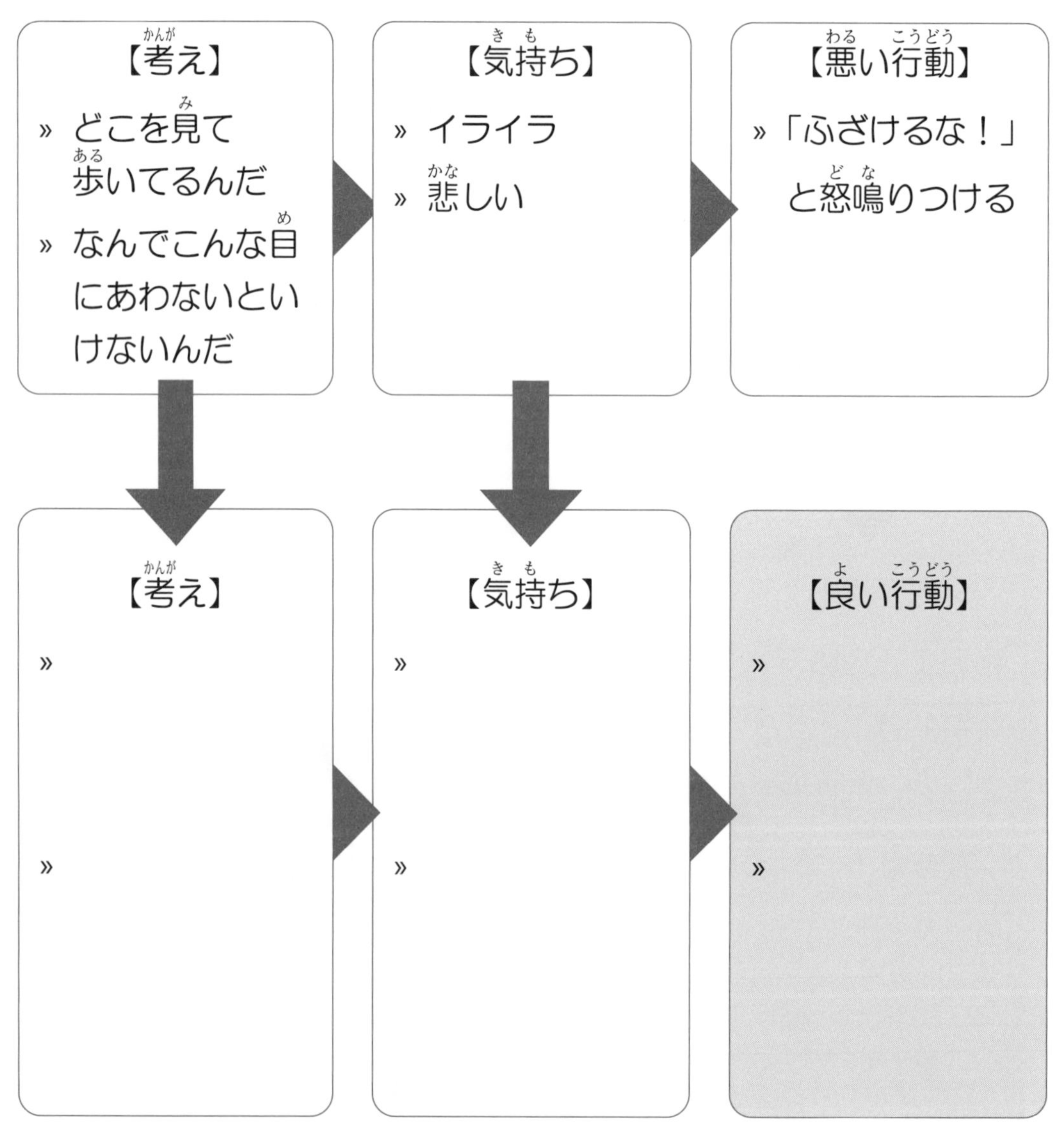

【考え】
» どこを見て歩いてるんだ
» なんでこんな目にあわないといけないんだ
【気持ち】
» イライラ
» 悲しい
【悪い行動】
»「ふざけるな！」と怒鳴りつける
【考え】
»
»
【気持ち】
»
»
【良い行動】
»
»

2-3 行動を変える③

もう一つ、例で考えてみましょう。

次のようなことが起こった時、どうしますか？　まずは悪い行動について考えてから、良い行動に変わるように別の考えや気持ちを書いてみましょう。

出来事：公園のベンチに座っていたら、女性が話しかけてきた

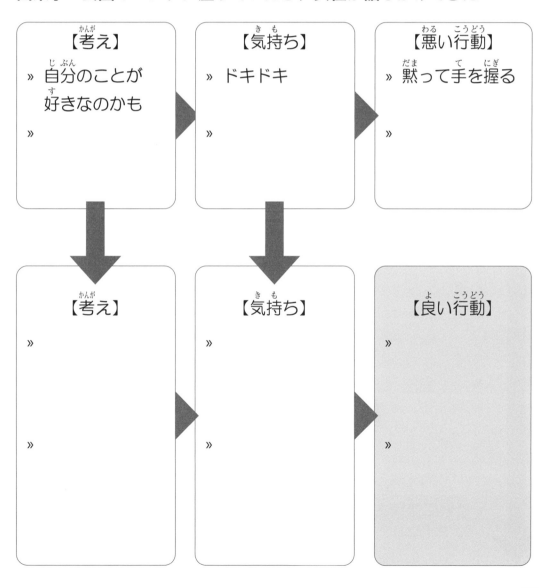

【考え】	【気持ち】	【悪い行動】
» 自分のことが好きなのかも »	» ドキドキ »	» 黙って手を握る »

【考え】	【気持ち】	【良い行動】
» »	» »	» »

3-1 思考・感情・行動モデルを使って自分の事件を整理する①

第10回のABCモデルと同じように、思考・感情・行動モデルを使って自分の事件を整理してみましょう。

事件の時、どんなふうに考えたり、どんな気持ちでいましたか？

【きっかけ】

-
-

【考え】

-
-

【気持ち】

-
-

【行動（事件の内容）】

-
-

【結果】

- 警察に逮捕された
-

3-2 思考・感情・行動モデルを使って自分の事件を整理する②

今度は、前のページの考えと気持ち、行動について考えましょう。

どんなふうに考えたり、どんな気持ちでいれば、行動やその結果を良い方向へ変えることができたでしょうか？

【考え】

・

・

【気持ち】

・

・

【良い行動】

・

・

【結果】

・警察に捕まらない

・

第12回のまとめ

- 行動を良いものに変えるコツは、まずは考えを変えることです。そうすると、悪い行動につながる気持ちも自然に変わってくるのです。
- 悪い行動をしてしまった時、次に悪い行動を繰り返さないためには、その時、どのような考えや気持ちだったのかを振り返ることが大切です。
- 「第11回のまとめ」を読みましょう。

ホームワーク⑫

これまでに「こうしていればよかった！」と思ったり、後悔した行動について、思考・感情・行動モデルに当てはめてみましょう。

その行動が良い行動に変わるように、別の考えや気持ちを考えてみましょう。

出来事：

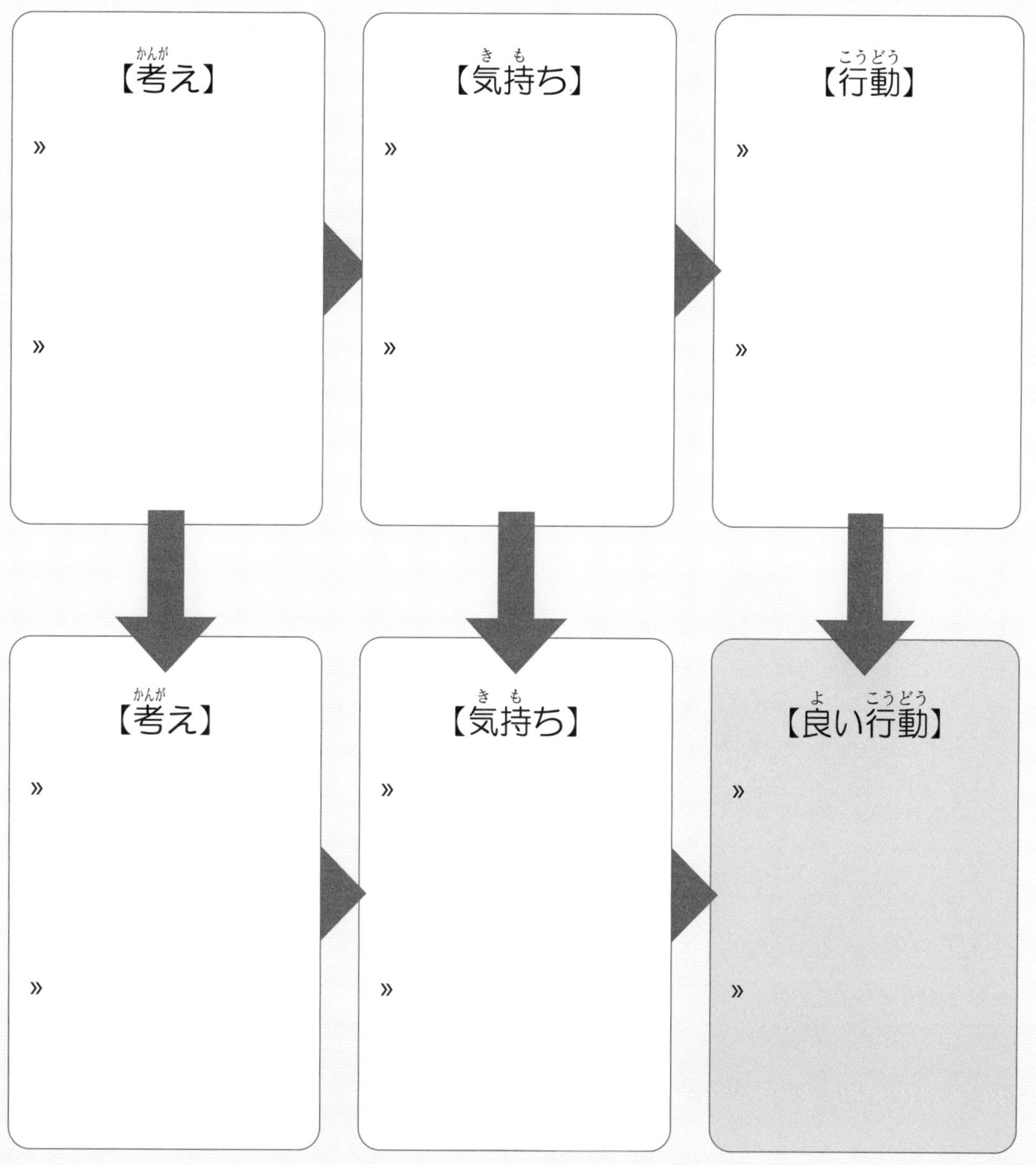

第13回

思考・感情・行動モデル ③

今回の目的

①行動によって結果が変わることを体験する

②自分の犯罪への黄色信号と対処法を知っておく

第 13 回のタイムスケジュール

（分）

1 週間の振り返り（10 分）

☞この 1 週間の出来事を共有する

10

前回の復習・導入（25 分）

☞前回の復習をする（12 分）

☞ホームワークを確認・共有する（12 分）

☞第 13 回の目的を確認する（1 分）

35

結果を変える方法（25 分）

☞**1-1**「悪い行動と良い行動をした時の違い①」の説明を読む（3 分）

☞**1-2** **1-3**「悪い行動と良い行動をした時の違い②③」を記入、ロールプレイを行う（② 11 分、③ 11 分）

60

休憩（10 分）

70

犯罪への黄色信号と対処法（40 分）

☞**2-1**「犯罪への黄色信号①」の説明を読む（8 分）

☞**2-2**「犯罪への黄色信号②」に記入する（12 分）

☞**3-1**「犯罪への黄色信号の対処法①」の説明を読む、実践する（12 分）

☞**3-2**「犯罪への黄色信号の対処法②」の説明を読む（8 分）

110

このセッションのまとめ（10 分）

☞ 第 13 回のまとめ、ホームワークと次回の予定を確認する

120

1-1 悪い行動と良い行動をした時の違い①

第 12 回で学んだように、みなさんの**行動**によって、**行動の結果**は良いものにも悪いものにもなります。

悪い行動から**良い行動**に変えるためにはどうすればいいか、そして、**行動**を変えることによって**結果**がどのように変わるのか、思考・感情・行動モデルを使いながら、実際にやってみましょう。

出来事：友達に借りていた本を汚してしまった！

A さん：本の持ち主

B さん：借りた本を汚してしまった人

B さんは A さんから本を借りましたが、うっかりお茶をこぼして汚してしまいました。そんな時、B さんはどんなことを考えて、どんな気持ちになって、どんな行動をするでしょうか？

1-2 悪い行動と良い行動をした時の違い②

ロールプレイ１：

黙っていればバレないと思って知らないふりをする

まずは、Ａさんとｂさんそれぞれの、**考え**・**気持ち**・**行動**を確認しましょう。その行動の後にどんなことが起こるか（**結果**）も考えて、書いてみましょう。

次に、書いたとおりにロールプレイに取り組んでみましょう。

あなたの役割は？（Aさん・Bさん）　※どちらかに○をつける

Ａさん：本の持ち主

Ｂさん：本を借りた人

【考え】	【気持ち】	【行動】
Aさん Ｂさんが汚したに違いない	**Aさん** 怒り／悲しい	**Aさん** 思いきって聞いてみる
Bさん 黙っていればバレないだろう	**Bさん** 軽い気持ち	**Bさん** 知らないふりをする

その結果

» Ａさんはｂさんが汚したことに気づいて腹を立てる

»

»

1-3 悪い行動と良い行動をした時の違い③

ロールプレイ２：
Ａさんに悪いと思って正直にあやまる

ロールプレイ２では、良い行動をした時にはどうなるか、考えてみてください。良い行動をした時と悪い行動をした時では、起こる出来事（結果）がどのように変わるのかにも注目しながら取り組んでみましょう。

【考え】	【気持ち】	【行動】
Aさん Ｂさんが汚したに違いない	**Aさん** 悲しい／怒り	**Aさん** 思いきって聞いてみる
Bさん Ａさんに悪いことをした	**Bさん** しょんぼり	**Bさん** Ａさんにあやまる

その結果

» Ａさんは「気にしないで」と言って許してくれる

»

»

自分の行動は、その後の自分の気持ちや相手の気持ち、そして相手との関係にも影響します

2-1 犯罪への黄色信号①

悪い行動やその結果（犯罪や逮捕）の前には、こうした行動や結果につながりやすい危険を示す黄色信号があります。黄色信号には場所や状況、出来事といった自分の外にあるものと、考えや気持ち、行動など、自分の中にあるものがあります。

悪い結果（犯罪や逮捕）につながるような黄色信号の例

- 満員電車
- 女性・子どもに近づくこと
- 公園の近くを通っていた時
- エッチな写真を見た時
- 下着が干してあるのを見た時
- けんかをした時
- 「〇〇くらい、たいしたことない」という考え
- さみしい時
- 上司に叱られた時
- 暇な時間（だらだら過ごすこと）

など

これまで学んできた、良くない考え方のクセなども、犯罪への黄色信号です。黄色信号は人によって違います。赤信号にならず（犯罪をして逮捕されず）、黄色信号で止まれるように、自分にとっての犯罪へつながる黄色信号を次のページで確認しておきましょう。

2-2 犯罪への黄色信号②

前のページで見たように、犯罪へつながる黄色信号は「自分の外にあるもの」と「自分の中にあるもの」に分けて考えることができます。自分にとって犯罪への黄色信号につながる可能性があるものをできるだけたくさん挙げてみてください。

わたしの犯罪への黄色信号

自分の外にあるもの	自分の中にあるもの
•	•
•	•
•	•
•	•
•	•
•	•
•	•
•	•
•	•

3-1 犯罪への黄色信号の対処法①

自分にとっての「犯罪への黄色信号」をよく知り、普段から注意して生活することは悪い行動やその結果を遠ざけます。そのため、「犯罪への黄色信号」に気づいた時に、すぐにできる対処法を考えておくことが大切です。

深呼吸

ゆっくり息を吸って、ゆっくり息を吐きます。これを繰り返します。

イメージ

安心できるイメージ（映像や音楽）を思い出したり、実際に見たり聞いたりしましょう。

思考ストップ

悪い考えや気持ちが浮かんだら、心の中で「ストップ」と言って頭をからっぽにしたり、まったく関係のない楽しいことを考えます。

その場を離れる

悪い考えをどうにもできない場合は、悪い行動をしてしまう前に、とりあえずその場を離れて、気持ちを落ちつかせましょう。

3-2 犯罪への黄色信号の対処法②

実際に試してみて、どの対処法が「できるかも」と思いましたか？

こうした対処法は、イライラした時や悲しい時、悪い考えが浮かんだ時などにも使えます。自分の好きなことをするのも、良い気分転換になります。自分に合った対処法を見つけてみましょう。

深呼吸	イメージ
思考ストップ	その場を離れる

取り組めそうだと思った対処法

自分で考えた対処法

第13回のまとめ

- 自分の行動は、その後の自分の気持ちや相手の気持ちを変える力があります。相手と自分との関係が良くなり、自分の気持ちにもゆとりができます。（これは黄色信号を遠ざけることにもつながります）
- 犯罪への黄色信号とは、悪いことをしたり、犯罪につながってしまうような危険に気づくためのサインです。
- 自分の犯罪への黄色信号に気づいたら、すぐに対処法を実行してみましょう。対処法には、深呼吸やリラックスなど、いろいろな方法があります。
- 犯罪への黄色信号に気がついた時にそのまま悪い行動につながらないように、自分なりの対処法を見つけて、気持ちや状況を切りかえる練習をしておきましょう（次回も練習します）。

ホームワーク⑬

次のセッションまでの間に体験した、イラッとしたり、悲しかった出来事を思考・感情・行動モデルに当てはめてみましょう。また、その時に使った対処法があれば、それも書いてみてください。

イラッとした出来事：

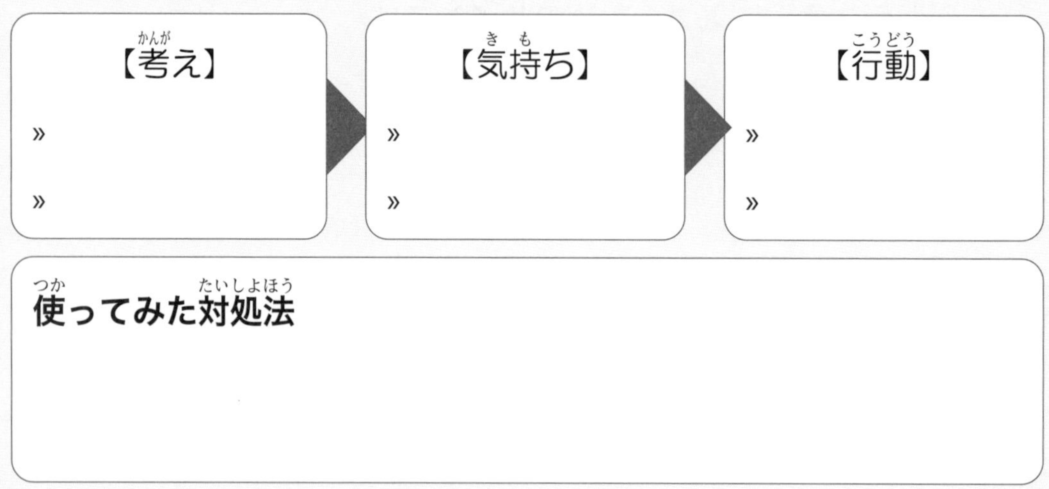

悲しかった出来事：

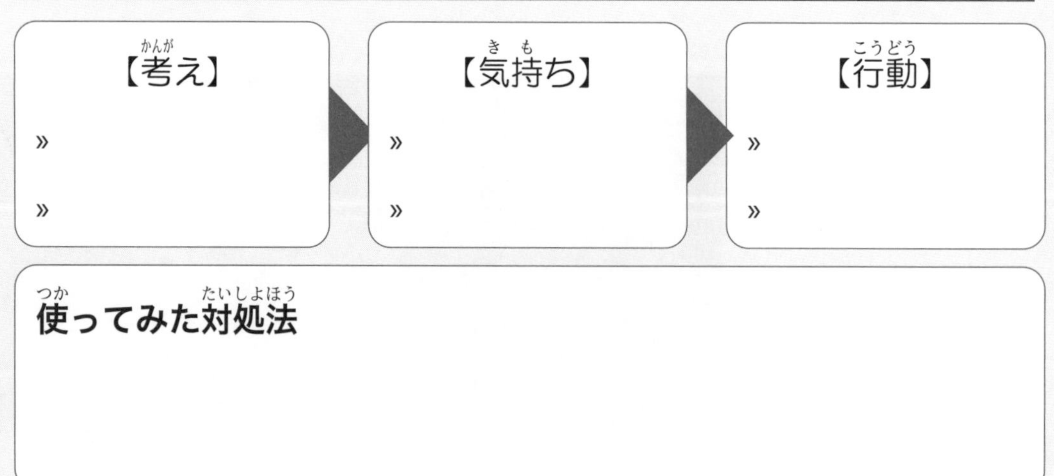

第14回

対処方略
マインドフルネス

今回の目的

①マインドフルネスやその他のリラックス方法を知る

②犯罪への黄色信号の対処プランを立てる

第14回のタイムスケジュール

(分)

0 **1週間の振り返り**(10分)

☞この1週間の出来事を共有する

10 **前回の復習・導入**(25分)

☞前回の復習をする(12分)

☞ホームワークを確認・共有する(12分)

☞第14回の目的を確認する(1分)

35 **困った時の対処方略①**(35分)

☞❶「マインドフルネスとは」の説明を読む(3分)

☞❷「自分の中に注意を向ける」の説明を読む、実践する(15分)

☞3-1 3-2 3-3 3-4「気持ちを見つめて、手放す①②③④」の説明を読む、実践する(17分)

70 **休憩**(10分)

80 **困った時の対処方略②**(30分)

☞4-1 4-2「その他のリラックス方法①②」の説明を読む、実践する(22分)

☞❺「犯罪への黄色信号の対処プラン」を記入する(8分)

110 **このセッションのまとめ**(10分)

☞第14回のまとめ、ホームワークと次回の予定を確認する

120

1 マインドフルネスとは

マインドフルネスとは、**「まさに今、ここで体験していることに意識を向けて、その状態をありのままに感じる」**ということです。

瞑想（目を閉じて、静かに、心を落ちつけること）ともつながりの強いものです。

私たちは、毎日の生活の中で、「○年後は何をしているかな」「あの時、どうしてあんなことしたんだろう」と、未来のことや過去のことを考えることが多いものです。

マインドフルネスは、「今、ここ」に注意を向けることで、どんなに考えてもわからない未来のことや、変えられない過去のことを考えるストレスを減らしたり、自分らしく生活しやすくなる手がかりになるかもしれません。

マインドフルネスにご興味を持たれた方への参考図書

» 熊野宏昭：新世代の認知行動療法（日本評論社）
» 吉田昌生：こころが軽くなる マインドフルネスの本（清流出版）
» 藤井英雄：マインドフルネスの教科書 この１冊ですべてがわかる！（Clover 出版）

2 自分の中に注意を向ける

前回は、みなさんの犯罪への黄色信号がどんなものかということや、犯罪への黄色信号の対処法について整理しました。

犯罪への黄色信号にぶつかっても、落ちついて対処すれば悪い結果にはつながりません。いろんな場面、たとえばイライラしている時、好みの女性を見かけてムラムラしている時にも、気持ちを落ちつかせ、自分の考えや気持ちに目を向けられるように、練習をしてみましょう。

呼吸のエクササイズ

①背筋を伸ばして座り、目を閉じる

イスに座っても、正座をしてもいいです。イスの場合には足の裏をぴったり床につけます。「背筋が伸びて、からだの力が抜けている」楽な姿勢になります。

②自分の呼吸を感じる

鼻からゆっくり息を吸って口から吐きます。そしてお腹や胸がふくらんだり、ちぢんだりする様子を感じながら、からだの変化に注意を向けます。

③呼吸以外のことは気にしない

「明日、仕事行きたくないな」「今日けんかしちゃったな」など別のことを考えてしまうかもしれません。そういう時は「呼吸、呼吸」とこころの中でつぶやいて、鼻から入ってくる空気を感じながら呼吸に注意を戻します。

④からだ全体で呼吸をする

吸った息が手足の先まで流れ込み、吐く息がからだのすみずみから流れ出ていくように感じながら、「ふくらみ、ふくらみ、ちぢみ、ちぢみ」と実況を続けていきます。

⑤からだの外にも注意を向ける

「ふくらみ、ふくらみ、ちぢみ、ちぢみ」と実況は続けながら、周りの空気の動きや温度、部屋の広さなど、外の空間（部屋の外の音など）にも注意を向けてみましょう。何か考えが出てきたことに気づいても、そのままにして、消えていくのを待ちます。

⑥最後に

まぶたの裏に注意を向け、そっと目を開けます。目を開けたら、大きく伸びをしたり、からだをさすったりしてもいいです。

3-1 気持ちを見つめて、手放す①

これまでに、考えや気持ちに気づく練習をしてきました。考えにはそのあとの行動を変える働きがあり、うれしい、悲しい、イライラするなどの気持ちには、その時の自分の状態を知るためのサインとしての役割があります。

苦しい、悲しいといった気持ちはつらいものです。しかし、自然に出てきた気持ちを、自分でなくすことはできません。気持ちを感じないように、なかったことにしようとしても、別の気持ちになって出てきたり、長い時間、つらい気持ちを感じ続けることもあります。

こうした気持ちは、

①気がついて

②おさまるまで待つ

ことが有効ですが、他にも、役に立つ方法があります。

その中から、「ラベリングのワーク」「青空のワーク」「葉っぱのワーク」を紹介します。

具体的な手順を見てみましょう。

気持ちを見つめて、手放す②

ラベリングのワーク

よく出てくる気持ちや考えに、名前をつける（ラベリングする）。

例：

イライラする

なんでわかってくれないんだ！

「イラット」

悲しい

誰も助けてくれない……

「どんより」

このように名前をつけておくと、「また、イラットが出てきた！」と、自分の気持ちや考えに気づきやすくなります。

よく出てくる気持ちや考えを思い浮かべて名前をつけてみましょう。

気持ち・考え：

名前：

3-3 気持ちを見つめて、手放す③

青空のワーク

40秒間、すばやく「青空、青空、青空、青空……」と何度も繰り返す

同じ言葉を繰り返すことで、いやな考えやモヤモヤした気持ちから距離を置いて、落ちつくことができます。

繰り返す言葉は、「青空」ではなく、「リンゴ」や「大丈夫」など、自分の好きな言葉にしてもかまいません。繰り返す言葉を決めて、メモしておきましょう。なるべく短くてわかりやすい言葉がいいですね。

繰り返す言葉：

3-4 気持ちを見つめて、手放す④

葉っぱのワーク

①呼吸に注意を向ける

姿勢を正して、肩の力を抜き、呼吸に集中します。

②川に葉っぱが流れてくるイメージをする

リラックスしてきたら、川辺に座って、川の流れや、さまざまな色や形の葉っぱが流れている様子を眺めているイメージをします。

③自分のこころの中に目を向ける

自分の考えや気持ちに意識を向けてみましょう。「昨日のカレー、おいしかった」「昔のことを思い出してイライラする！」などいろいろなことが浮かんでくるかもしれません。

④浮かんできた考えや気持ちを、葉っぱにのせる

頭に浮かんだ考えや気持ちは、そのまま、葉っぱにのせてしまいます。すべてを葉っぱにのせて、流れていくのを見送ります。葉っぱを取ろうとしたり、早く流そうとしたりせず、静かに流れていくのを見守りましょう。

4-1 その他のリラックス方法①

腹式呼吸法（お腹で呼吸する）

緊張

浅くて速い呼吸

リラックス

深くてゆったりした呼吸

緊張している時でも、お腹をふくらませたりへこませたりして、深くてゆったりした呼吸をすると、気持ちが落ちつきます。横になってやってみるとわかりやすいかもしれません。

①おへその下に手をあてて、からだの力を抜いたまま口からゆっくり息を吐く

下腹部をへこませるように、吐く息に注意を向けて長く息を吐きます。息と一緒にからだの緊張も吐き出すようにイメージするとよいでしょう。

②苦しくならない程度に、下腹部をふくらませるように鼻から息を吸い、口からゆっくり吐く。

③これを繰り返す（5分～10分）

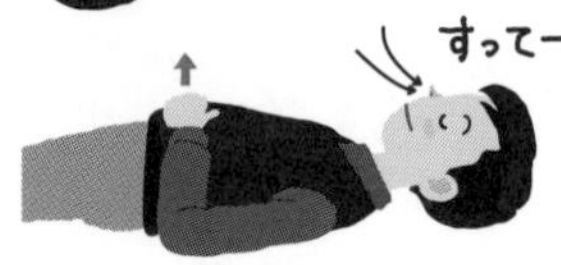

4-2 その他のリラックス方法②

漸進的筋弛緩法（筋肉の緊張をほぐす）

不安になったり、気分が興奮すると、筋肉は緊張してしまいます。そのままの状態でいると、落ちついて物事を考えられません。筋肉をやわらかくして、自然なリラックスした状態に戻しましょう。

①両手をだらんと下げる
②両手のこぶしを握って、ぐっと力を入れる（約 10 秒）
③こぶしを開いて力を抜いて楽にする
④両肩を耳につけるように上げて力を入れる（約 10 秒）
⑤肩を下ろして力を抜いて楽にする
⑥顔をくちゃくちゃにして力を入れる（約 10 秒）
⑦力を抜いて「ほ〜」と息を抜く
⑧お腹に力を入れる（約 10 秒）
⑨ストンと力を抜いて楽にする
⑩足がピンとなるようにぐっと力を入れる（約 10 秒）
⑪ストンと力を抜いて楽にする
⑫力を抜いて「ほ〜」と息を吐き、楽にする
⑬深呼吸をする（3 回）

4-2 犯罪への黄色信号の対処プラン

呼吸のエクササイズや、葉っぱのワークは毎日行うことで、こころやからだを落ちつけたり、集中力が高まると言われています。こうしたトレーニングを続けながら、犯罪への黄色信号の対処法を考えておきましょう。どの方法が一番、自分に合っていると思いましたか？

わたしの対処プラン

① 黄色信号がなくても毎日行うこと

呼吸のエクササイズと葉っぱのワーク

② 黄色信号が点滅した時に行うこと

③ ②の対処法では効果が出なかった時に行うこと

第14回のまとめ

- イライラしたり、ムラムラした時に、気持ちを落ちつかせたり、自分の気持ちや考えに気づきやすくなるためのトレーニングには、いろいろなものがあります。
- 周りの環境やその時の状況によって取り組みづらい対処法もあります。自分に合った対処法は一つに限らず、たくさん見つけておきましょう。
- 普段からトレーニングしておくと、黄色信号に気づきやすくなります。
- 黄色信号への対処法をスムーズに行えるように、毎日の生活の中でも練習してみましょう。

ホームワーク⑭

今日学んだエクササイズやワークの中で、自分に合っている、取り組みやすいと思ったものを選んで、実際にやってみましょう。次のセッションまでの１週間で、エクササイズやワークに取り組めた日は○をつけ、気づいたことがあれば、○の下に自由に書いてみましょう。

取り組む
エクササイズやワーク：

月／日（曜日）	／（　）	／（　）	／（　）	／（　）	／（　）	／（　）	／（　）
○							
取り組み後の気持ち							

※下の表情から当てはまるものを選んでみましょう。

スッキリ  まあまあスッキリ  取り組み前と変わらない 

１週間、エクササイズやワークに取り組んでみた感想を書いてみましょう。

第15回

リラプスプリベンション

（4段階モデルと理論）

今回の目的

①犯罪が起こるまでにはどんな段階があるのか学ぶ

第15回のタイムスケジュール

（分）

0 ## 1週間の振り返り（10分）

☞この1週間の出来事を共有する

10 ## 前回の復習・導入（25分）

☞前回の復習をする（12分）
☞ホームワークを確認・共有する（12分）
☞第15回の目的を確認する（1分）

35 ## 4段階モデルとは①（35分）

☞ **1**「リラプスプリベンションとは」の説明を読む(2分)
☞ **2-1**「犯罪につながる4つの段階①-1」の説明を読む(2分)
☞ **2-2**「犯罪につながる4つの段階①-2」の説明を読む(12分)
☞ **3-1**「犯罪につながる4つの段階②-1」の説明を読む(2分)
☞ **3-2**「犯罪につながる4つの段階②-2」の説明を読む(12分)
☞ **4**「犯罪につながる4つの段階③」の説明を読む(3分)
☞ **5**「犯罪につながる4つの段階④」の説明を読む(2分)

70 ## 休憩（10分）

80 ## 4段階モデルとは②（30分）

☞ **6**「4段階モデル――性犯罪以外の例」の説明を読む(4分)
☞ **7-1** **7-2**「4段階モデル――性犯罪以外の例を考える①②」を記入、共有する(26分)

110 ## このセッションのまとめ（10分）

☞🍀第15回のまとめ、ホームワークと次回の予定を確認する

120

1 リラプスプリベンションとは

リラプスプリベンションとは、「再犯防止」という意味です。このプログラムが終わってからも、再び犯罪を起こさずに、前向きに過ごしていくためには、とても大切な内容です。

リラプスプリベンションには、２つの段階があります。

①再び犯罪を起こしてしまうような危険な状況を知っておくこと

②危険な状況になってしまった時の対処法を考えておくこと

今回は、

①再び犯罪を起こしてしまうような**危険な状況**を知っておくことについて学んでいきましょう。

②については、次回のセッションで勉強します。

2-1 犯罪につながる4つの段階①-1

犯罪を起こしてしまうまでには4つの段階があり、これを「**4段階モデル**」といいます。

犯罪をする前の段階で踏みとどまり、犯罪を再びしないでいられるように、犯罪の4つの段階を確認しておきましょう。

①	②	③	④
きっかけ・動機・空想（イメージ）	自分の中の言い訳	具体的な行動を考える	犯罪を実行する

①きっかけ・動機・空想（イメージ）

きっかけ・動機・空想（イメージ）とは、犯罪につながりやすいイメージや考えのことです。性的なイメージを持つこと自体は、悪いことではありません。ですが、イメージの内容によっては、犯罪の“第一歩”になってしまうことがあります。

たとえば、普段から電車で痴漢をする場面を思い浮かべながらマスターベーションをしていると、電車に乗ったことが引き金となって、イメージと同じように電車の中で痴漢行為をしたくなるかもしれません。また、子どもや同意のない人との性行為のイメージも、とても危険です。散歩や買い物といった何気ない日常生活の中で、イメージの中の性行為の対象者と出会うことが引き金となって実際に性犯罪につながる可能性もあるからです。

2-2 犯罪につながる4つの段階①-2

①きっかけ・動機・空想（イメージ）の例

これまでのセッションでも、犯罪につながる考えや良くないイメージや行動について勉強してきました。ここで復習しておきましょう。

第2回

❾ 安全なセックスと危険なセックス（23ページ）
いろんな人とセックスをする、お酒やドラッグを使ってセックスする　など

第3回

❺ 私的と公的（40ページ）
公的な場所（私的な場所以外）で性的なことをする

第4回

1-1など服を脱いでもよい場面、いけない場面①②③
（47～49ページ）　人がいるところで裸になる

2-1などさわってもよい人、さわってもよい場面①②
（50、51ページ）　知らない人のからだをさわる

❸ 性行為をしてはいけない相手（52ページ）
子ども、家族などと性行為をする　など

第5回

1-1など違法な（やってはいけない）性行動①②③
（59～61ページ）性犯罪について考える、犯罪行為をする

第6回

9-1など気持ちの確認と性行為①②（83、84ページ）
気持ちの確認ができない人と性行為をする

こうしたことを、「したいなぁ」「まぁいいか」「バレないだろう」と思うことがあれば、きっかけ・動機・空想（イメージ）を持っていることになります。注意しましょう。

第15回

3-1 犯罪につながる４つの段階②-1

②自分の中の言い訳

自分の中の言い訳とは、違法な性行動を「仕方がないこと」とか「そんなに悪いことではない」などと考えることです。

誰にもバレないはずだ

被害者は傷つかないだろう

相手のことが好きだからやったんだ

すぐに忘れるよ

といった言い訳や考えがそうです。これらはすべて間違った考えで、実際の状況や相手の気持ちとは違います。

違法な性行動でも「やってもいいことだ」と自分に言い訳をすると、犯罪を起こす可能性が高くなってしまいます。

3-2 犯罪につながる４つの段階②-2

②自分の中の言い訳の例

自分の中の言い訳を考える時にも、これまでのセッションで勉強してきた自分の“考え方のクセ”や“とらえ方（=認知）の歪み”が関係しています。

第８回　**❹ 自分がしたことを認められない理由**（112ページ）

相手が傷つくこと・傷ついたことを認めない（否認）

悪いことではないと考える（最小化）

第９回　**❶-1,2 性犯罪に関連したとらえ方（認知）の歪み①②**

（123～125ページ）

・痴漢のDVDが僕を興奮させたんだ（被害者意識）

・相手だって喜ぶはずだよ（共感力不足）

・盗撮くらいたいしたことはない（道徳・ルールの軽視）

・さわっちゃったらまたその時考えればいっか（超楽観主義）

・子どもは大人の言うことに逆らえない（所有権／支配欲）

など

ここに書いてあるような言い訳をしてしまうと、とても危険です。深呼吸など、前回学んだ対処法を試して、こころを落ちつかせましょう。

第15回

4 犯罪につながる４つの段階③

③具体的な行動を考える

犯罪を起こす前には、自分でも気づかないうちに計画を立てていることが多いものです。

人に見られないように人が少ない時間になるのを待とう（犯罪の計画）

女性が多く集まるお店に行ってみよう（犯罪の計画）

○○に行くためには、バスに乗らないとならないな（犯罪をしやすい状況になるよう理由をこじつける）

などがそうです。

実際に犯罪の計画を立てると、空想（イメージ）が具体的になるため、犯罪のスイッチが入ってしまいます。

5 犯罪につながる４つの段階④

④犯罪を実行する

犯罪は、その瞬間の、ごく短い時間の満足のためだけに行われます。しかし、被害者は一生苦しみ続けることになり、幸せを奪われてしまいます。

また、警察に捕まり、裁判にかけられると、自分が困るだけでなく、家族や周りの人たちにも、たくさんの心配や迷惑をかけてしまいます。

それでは、４つの段階の具体的な例を見てみましょう。

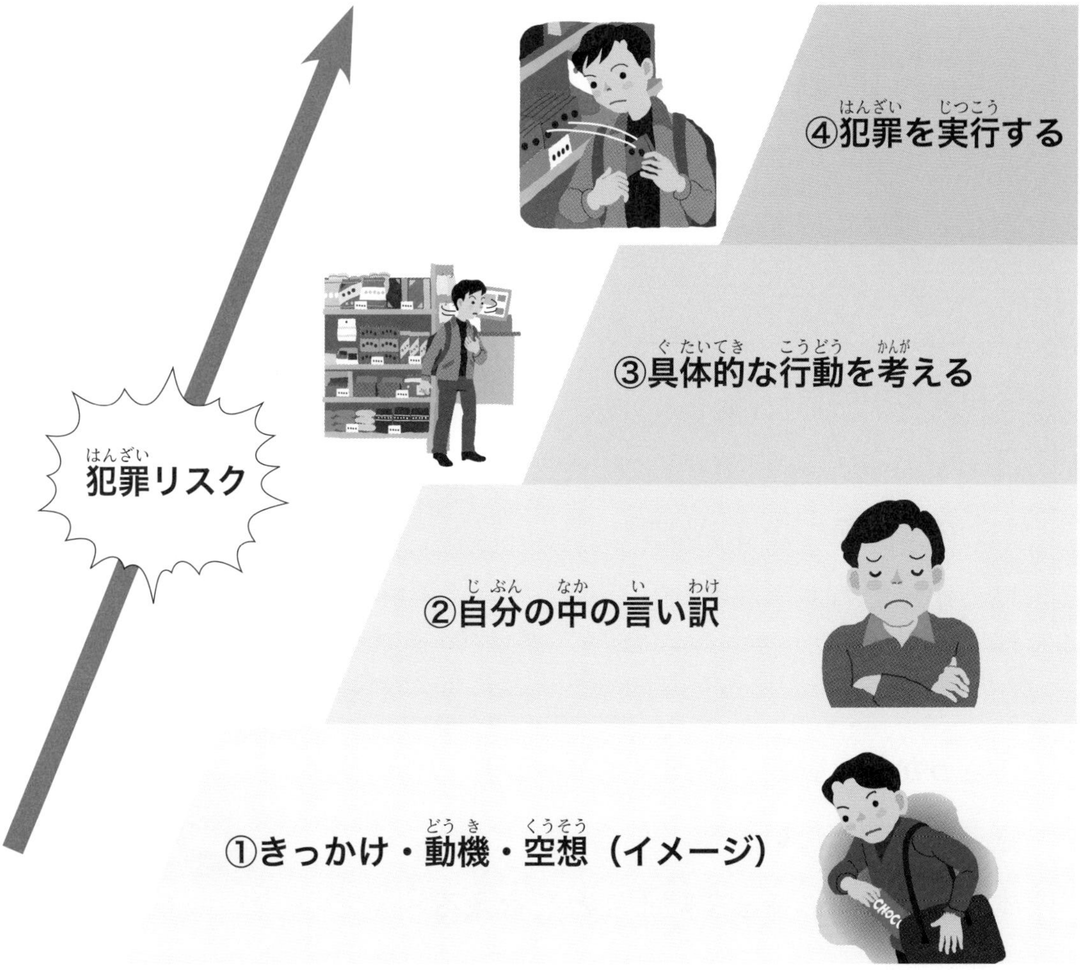

④犯罪を実行する

③具体的な行動を考える

犯罪リスク

②自分の中の言い訳

①きっかけ・動機・空想（イメージ）

6　4段階モデル ── 性犯罪以外の例

まずは、万引きの犯罪の例を見てみましょう。

これまでにも学んだように、考えや気持ち、イメージが、行動（犯罪）のきっかけになっています。

④犯罪を実行する

本をカバンに入れて

レジを通らずに外に出る

③具体的な行動を考える

店員が近くにいなくなるのを待つ

本を入れやすい大きめのカバンで外出する

②自分の中の言い訳

混んでいる店ならバレないだろう

お店の人も気づかないはず

見つかってもあやまればいいや

①きっかけ・動機・空想（イメージ）

家で本を読みたい……

本を盗んで家に持って帰ることを考える

7-1 4段階モデル ―― 性犯罪以外の例を考える①

次に、具体的に4段階モデルを考えてみましょう。

下の例について、どんな4つの段階が犯罪につながっていくのか考えます。

例：学校・勤務先からボールペンを盗む

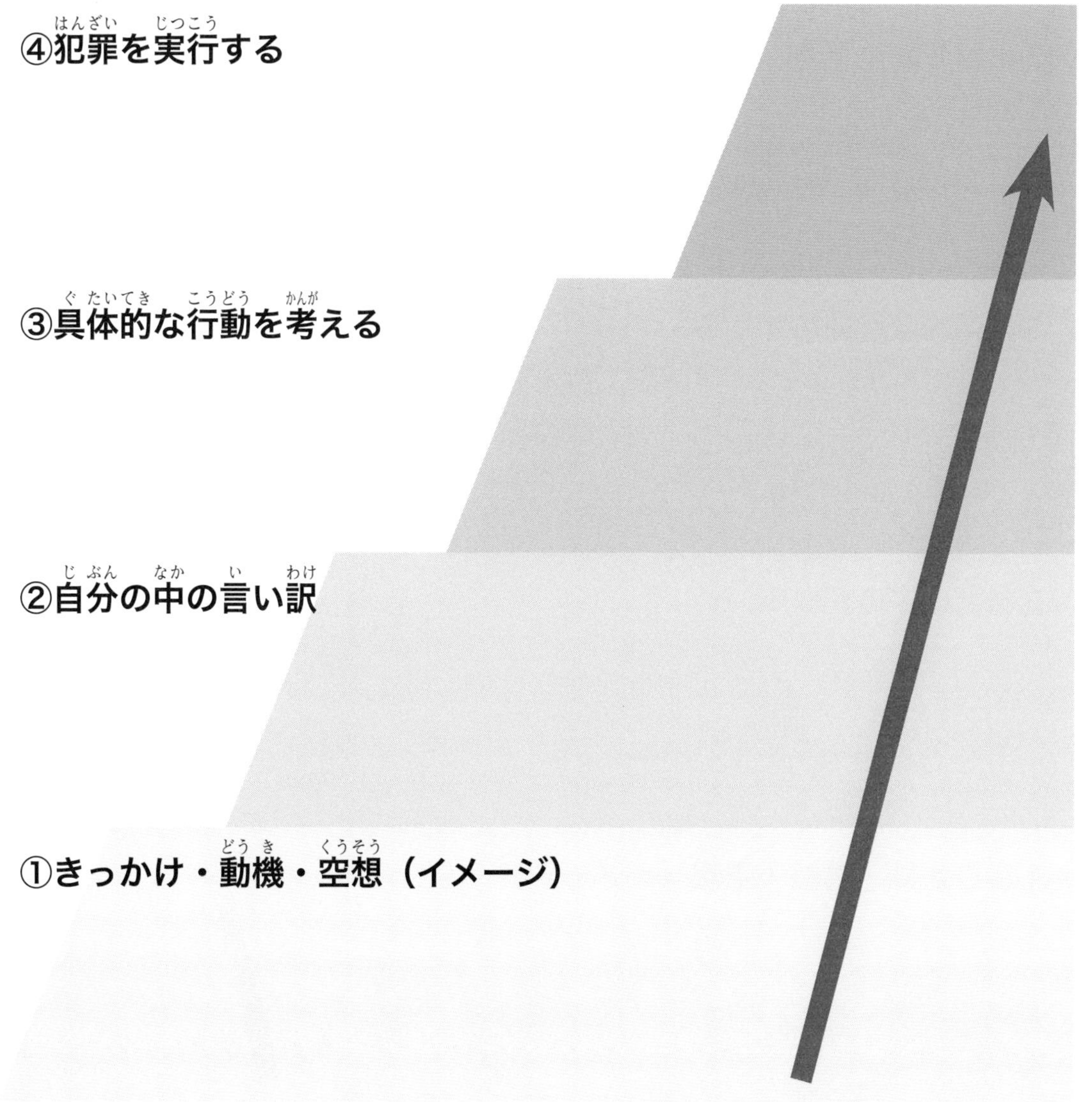

④犯罪を実行する

③具体的な行動を考える

②自分の中の言い訳

①きっかけ・動機・空想（イメージ）

7-2 4段階モデル ―― 性犯罪以外の例を考える②

最後に、4段階モデルを自分の例で考えてみましょう。性犯罪以外の例で、実際に起こった場面や出来事を思い出しながら、整理してみましょう。

場面・出来事： ______________________________

④犯罪を実行する

③具体的な行動を考える

②自分の中の言い訳

①きっかけ・動機・空想（イメージ）

第15回のまとめ

- リラプスプリベンションとは、「再犯防止」という意味です。再び犯罪を起こさずに、前向きに過ごしていくために、とても大切な内容です。
- リラプスプリベンションには、２つの段階があります。

  ①再び犯罪を起こしてしまうような、危険な状況を知っておくこと

  ②危険な状況になってしまった時の対処法を考えておくこと
- 犯罪が起こるまでには、

  「①きっかけ・動機・空想（イメージ）」

  「②自分の中の言い訳」

  「③具体的な行動を考える」

  「④犯罪を実行する」

  という４つの段階があります。

- ４つの段階のどの段階でも、自分の考えや行動をストップすることができます。どの段階も行動をストップできれば手遅れではないことを覚えておきましょう。

ホームワーク⑮

悪いことだとわかっていても、ふとした時に言い訳が頭に浮かぶことがあるかもしれません。毎日の生活の中で犯罪のきっかけになるようなイメージや言い訳が浮かんできたことはありますか？　また、こうしたイメージや言い訳は、どんな時に思い浮かびましたか？　メモしてみましょう。

例：きっかけ・動機・空想（イメージ）／どんな時？

●考え	**●どんな時？**
・女性に抱きつきたい	・好きなタイプの女性を見かけた時
・抱きついている	

きっかけ・動機・空想（イメージ）／どんな時？

●考え　　**●どんな時？**

自分の中の言い訳

●言い訳

第16回

リラプスプリベンション②（再犯防止計画）

今回の目的

①犯罪を起こさないようにするための自分だけの計画を立てる

第16回のタイムスケジュール

（分）

1週間の振り返り（10分）

☞この1週間の出来事を共有する

10

前回の復習・導入（25分）

☞前回の復習をする（12分）

☞ホームワークを確認・共有する（12分）

☞第16回の目的を確認する（1分）

35

4段階モデルと性犯罪、私の事件と4段階モデル（30分）

☞**1**「4段階モデル――性犯罪の例」の説明を読む（6分）

☞**2**「4段階モデルを使った再犯防止計画」の説明を読む（8分）

☞**3**「4段階モデル――自分の事件」を記入する（16分）

65

休憩（10分）

75

4段階モデルを使った再犯防止計画（35分）

☞**4-1**「問題を起こさないための対処法・計画（例）」の説明を読む（5分）

☞**4-2**「問題を起こさないための対処法・計画」を記入する（15分）

☞**5**「わたしの再犯防止計画」を記入、共有する（15分）

110

このセッションのまとめ（10分）

☞🍀第16回のまとめ、ホームワークと次回の予定を確認する

120

1　4段階モデル――性犯罪の例

今日は、性犯罪の例を考えます。良くない考えやイメージが浮かんだ時に、そのままにしておくと、どんどん犯罪につながるリスクが大きくなってしまいます。次の例を参考に見てみましょう。

④犯罪を実行する

・女性に道をたずねるふりをして話しかける

・道案内をお願いしながら、人通りの少ない道へ入る

・むりやり性的な行為をする（抱きついたりからだをさわったりする）

大

③具体的な行動を考える

・好きなタイプの女性を探してじろじろ見る

・その女性に近づく

・犯罪（逮捕されない）にはならないと考える

②自分の中の言い訳

・さわるだけなら誰も傷つかない

・相手が何も言わなければ、いやがっていないはずだ

①きっかけ・動機・空想（イメージ）

・相手のからだをさわるイメージ

・たまたま隣の女性のからだにふれた

小

2 4段階モデルを使った再犯防止計画

4段階モデルを使って、犯罪を起こさないための計画を立ててみましょう。まずは例を見ていきます。犯罪を実行する場合と、犯罪を実行しない場合のステップを比べながら見てみましょう。

【悪い】犯罪行為をする

④犯罪を実行する
・女性のいるところに近づく
・ぶつかったふりをして胸をさわる、抱きつく

③具体的な行動を考える
・人のいないところに連れていく
・おとなしそうな女性を探す

②自分の中の言い訳
・顔さえ見られなければいい
・おとなしい人なら訴えない
・あやまれば捕まらない

①きっかけ・動機・空想（イメージ）
・暇な時間に女性のからだをさわるイメージをする
・やわらかくて気持ちがいい

犯罪へのステップ
上る？⇔上らない？

【良い】犯罪行為をしない

④被害者のことや逮捕された後のことを考えて犯罪を実行しない
・相手は傷つく・深呼吸する
・他のことに気持ちを向ける

③犯罪ができない条件を考える
・一人で行動しない
・犯罪後の影響を考える

②してはいけない理由
・相手は怖がるかもしれない
・警察に訴えるかもしれない

①良い発想・気分の切りかえ
・好きな音楽を聞く
・散歩をする

3　4段階モデル ── 自分の事件

　それでは、あなたの事件は、4段階モデルでどのように整理できるでしょうか？　自分の事件を思い出して、それぞれの段階について考えながら、整理してみましょう。

場面・出来事：＿＿＿＿＿＿＿＿＿＿＿＿＿＿＿＿＿＿＿＿＿＿＿＿＿＿＿＿

④犯罪を実行する

③具体的な行動を考える

②自分の中の言い訳

①きっかけ・動機・空想（イメージ）

4-1 問題を起こさないための対処法・計画（例）

問題を起こさない計画をまとめておくと、見直す時に便利です。前回まとめた犯罪への黄色信号についても対策を考えておきましょう。

きっかけ・動機・空想（イメージ）を持った時にどうするか

きっかけ・動機・空想（イメージ）：公園で遊んでいる子どもに近づく

→ **対処** 誰かと電話で話す

自分の中の言い訳を考え始めたらどうするか

言い訳：子どもたちは何とも思わないだろう

→ **対処** 子どもが親に話して、警察につかまることを考える

具体的な行動を考え始めたらどうするか

具体的な行動：子どもが一人になるのを待つ

→ **対処** 逮捕されて、留置場にいる自分のことを考える

犯罪を実行しようとしたらどうするか

犯罪行為：子どもに近づいて、トイレに連れていく

→ **対処** すぐに公園から離れる、誰かに電話をする

犯罪への黄色信号：公園、子ども

対策：公園や子どもがいる場所には近づかない

4-2 問題を起こさないための対処法・計画

206 ページや 208 ページを参考に、自分の計画をまとめてみましょう。家族や支援者の方など、周りの人と一緒に考えてみるのもいいですね。

きっかけ・動機・空想（イメージ）を持った時にどうするか

きっかけ・動機・空想（イメージ）：

自分の中の言い訳を考え始めたらどうするか

言い訳：

具体的な行動を考え始めたらどうするか

具体的な行動：

犯罪を実行しようとしたらどうするか

犯罪行為：

犯罪への黄色信号：

対策：

5 わたしの再犯防止計画

207ページで整理したあなたの事件の4段階モデルをもとにして、今度は、犯罪を起こさないための計画を考えてみましょう。

④被害者のことや逮捕された後のことを考えて犯罪を実行しない

③犯罪ができない条件を考える

②してはいけない理由

①良い発想・気分の切りかえ

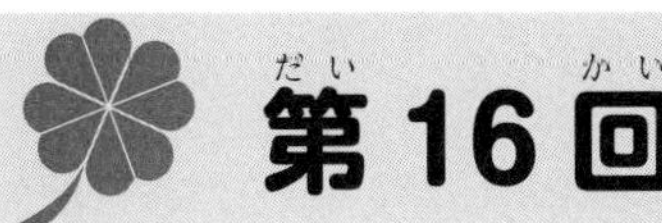

第16回のまとめ

- 犯罪が起こるまでには、

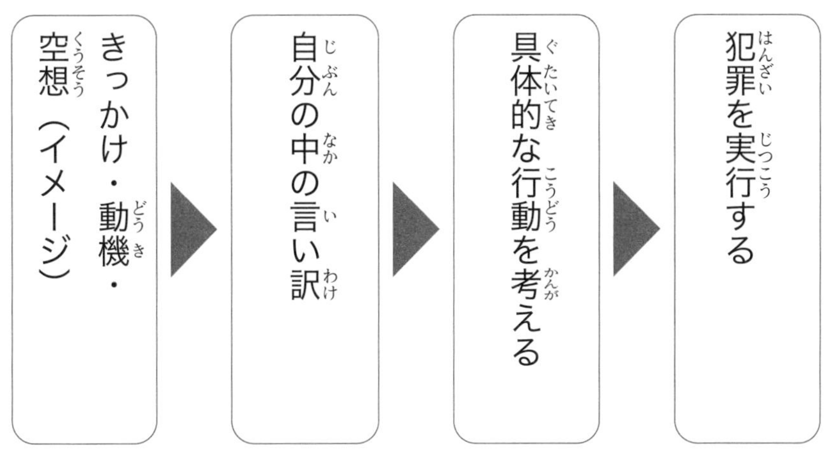

という４つの段階があります。

- これらのどの段階でも、犯罪行為を止めるための予防策を具体的に考えておくことができます。
- 「きっかけ・動機・空想（イメージ）」は、暇な時間に考えやすいので、暇な時間を作らないようにすることも大切です。

みなさんが再び犯罪行為をしないために、209ページや210ページにまとめた予防策をきちんと覚えておきましょう！

ホームワーク⑯

今回のホームワークは２つあります。

① 「性犯罪に結びつきやすい生活（213 ～ 215 ページ／第 17 回で使用する）」に記入する。

第 13 回「2-1 犯罪への黄色信号①②」（169 ～ 170 ページ）も見直してみましょう。

② 「5 わたしの再犯防止計画」（210 ページ）を支援者の方に見てもらい、アドバイスをもらいましょう

支援者からのアドバイス

性犯罪に結びつきやすい生活（生活編）

性犯罪をした頃の生活で、当てはまるものに○をつけてみましょう。

寝る時間、起きる時間がバラバラだった	
学校や仕事に通っていなかった	
無計画で行動することが多かった	
約束や時間を守れないことが多かった	
自由な時間が多かった	
食事の時間がバラバラ、または食べないことがあった	
夜に外出することが多かった	
アダルトビデオやアダルトサイト（インターネット）をよく見ていた	
マスターベーションをする回数が増えていた	
お酒をよく飲んでいた	
合計（○がついた項目を１点として合計）	/10

性犯罪に結びつきやすい生活（対人関係編）

性犯罪をした頃の生活で、当てはまるものに○をつけてみましょう。

家族とのけんかが多い、または交流が少なかった	
友達や通所施設の仲間との関係が悪かった	
幼い子どもに関心があった	
相談相手がいなかった	
悪い仲間とつきあっていた	
女性との関係がうまくいっていなかった	
友達、仲間と呼べる人がいなかった	
人と話す機会が少なかった	
嘘を言ってしまうことが多かった	
一人で過ごすことが多かった	
合計（○がついた項目を１点として合計）	/10

性犯罪に結びつきやすい生活（こころ・からだの症状編）

性犯罪をした頃の生活で、当てはまるものに○をつけてみましょう。

イライラすることが多かった	
楽しいと感じることが少なかった	
やる気が起きないことが多かった	
孤独感を感じたり、さみしいと思うことが多かった	
笑うことが少なかった	
気持ちが落ちつかない、集中できないことが多かった	
夜、眠れないことが多かった	
性的な想像・妄想をすることが多かった	
刺激的なことがしたいと感じていた	
ストレスを感じていた	
合計（○がついた項目を1点として合計）	**/10**

第17回

リラプスプリベンション ③（生活とスケジュール）

今回の目的

①性犯罪をしないためには、どうすればいいか復習する

②生活スケジュールを立てる

第 17 回のタイムスケジュール

（分）

1 週間の振り返り（10 分）

☞この 1 週間の出来事を共有する

10

前回の復習・導入（25 分）

☞前回の復習をする（12 分）

☞ホームワークを確認・共有する（12 分）

☞第 17 回の目的を確認する（1 分）

35

対処法の復習（20 分）

☞1「性犯罪を起こさないためにできること」＜これまでの復習＞の説明を読む（8 分）

☞2「性犯罪を起こさないためにできることリスト」を記入する（12 分）

55

休憩（10 分）

65

生活スケジュール（45 分）

☞3-1 3-2「性犯罪に結びつきやすい生活①②」の確認と集計をする（12 分）

☞4「生活リズムとスケジュール」の説明を読む（2 分）

☞5「わたしの生活スケジュール：例」の説明を読む（2 分）

☞6-1 6-2わたしの生活スケジュール①②」を記入する（12 分）

☞7「わたしの生活スケジュール③休日」を記入する（10 分）

☞8「スケジュールを守るための工夫」の説明を読む（7 分）

110

このセッションのまとめ（10 分）

☞ 第 17 回のまとめ、ホームワークと次回の予定を確認する

120

1 性犯罪を起こさないためにできること

第15回、第16回では、性犯罪につながる4つの段階を学びました。今までに勉強してきたことがどの段階で役に立つのか、確認してみましょう。

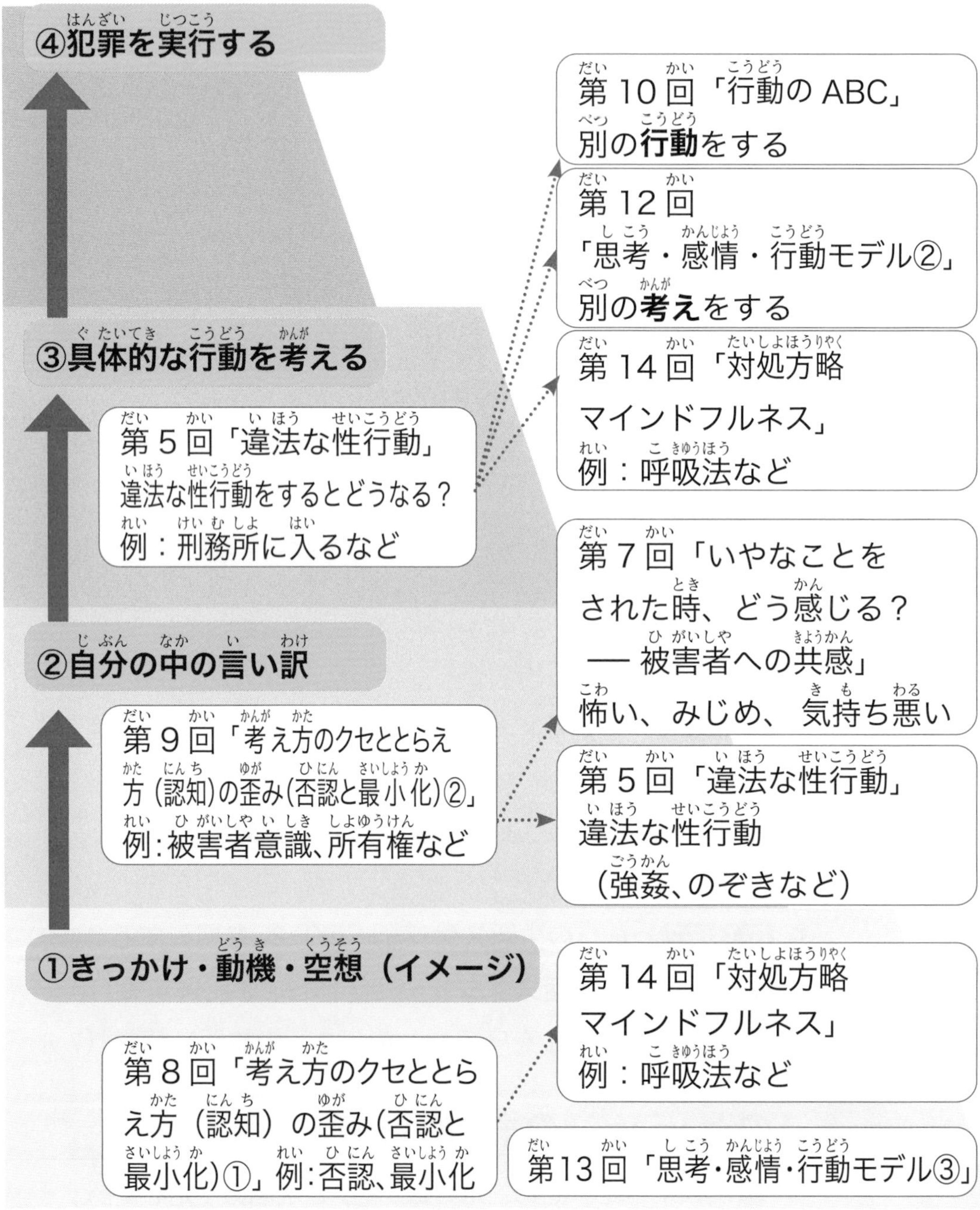

④犯罪を実行する
③具体的な行動を考える
第5回「違法な性行動」
違法な性行動をするとどうなる？
例：刑務所に入るなど
②自分の中の言い訳
第9回「考え方のクセととらえ方（認知）の歪み（否認と最小化）②」
例：被害者意識、所有権など
①きっかけ・動機・空想（イメージ）
第8回「考え方のクセととらえ方（認知）の歪み（否認と最小化）①」例：否認、最小化
第10回「行動のABC」
別の**行動**をする
第12回
「思考・感情・行動モデル②」
別の**考え**をする
第14回「対処方略
マインドフルネス」
例：呼吸法など
第7回「いやなことをされた時、どう感じる？
── 被害者への共感」
怖い、みじめ、気持ち悪い
第5回「違法な性行動」
違法な性行動
（強姦、のぞきなど）
第14回「対処方略
マインドフルネス」
例：呼吸法など
第13回「思考・感情・行動モデル③」

2 性犯罪を起こさないためにできることリスト

実際にそれぞれの段階に陥ってしまった時、どのページを見直すか、またはどんなことをするかをまとめておいて、いざという時にこのページを見直しましょう。

④被害者のことや逮捕された後のことを考えて犯罪を実行しない

第８回「考え方のクセととらえ方（認知）の歪み（否認と最小化）①」
第 14 回「対処方略 マインドフルネス」

-
-
-

③犯罪ができない条件を考える

第５回「違法な性行動」
第７回「いやなことをされた時、どう感じる？── 被害者への共感」
第９回「考え方のクセととらえ方（認知）の歪み（否認と最小化）②」

-
-
-

②してはいけない理由

第５回「違法な性行動」
第 10 回「行動の ABC」
第 12 回「思考・感情・行動モデル②」
第 14 回「対処方略 マインドフルネス」

-
-
-

①良い発想・気分の切りかえ

第 13 回「思考・感情・行動モデル③」

性犯罪に結びつきやすい生活①

これまで性犯罪が起こる仕組みや段階を勉強してきましたが、生活リズムが乱れていると、イライラや不安が出てきて、良くない行動につながりやすくなります。事件を起こしてしまった時にどんな生活をしていたのか振り返ってみましょう。ホームワークのプリントを見てみましょう。

性犯罪に結びつきやすい生活（生活編）

性犯罪をした頃の生活で、当てはまるものに○をつけてみましょう。

寝る時間、起きる時間がバラバラだった	
学校や仕事に通っていなかった	
無計画で行動することが多かった	
約束や時間を守れないことが多かった	
自由な時間が多かった	
食事の時間がバラバラ、または食べないことがあった	
夜に外出することが多かった	
アダルトビデオやアダルトサイト（インターネット）をよく見ていた	
マスターベーションをする回数が増えていた	
お酒をよく飲んでいた	
合計（○がついた項目を１点として合計）	/10

性犯罪に結びつきやすい生活（対人関係編）

性犯罪をした頃の生活で、当てはまるものに○をつけてみましょう。

家族とのけんかが多い、または交流が少なかった	
友達や通所施設の仲間との関係が悪かった	
幼い子どもに関心があった	
相談相手がいなかった	
悪い仲間とつきあっていた	
女性との関係がうまくいっていなかった	
友達、仲間と呼べる人がいなかった	
人と話す機会が少なかった	
嘘を言ってしまうことが多かった	
一人で過ごすことが多かった	
合計（○がついた項目を１点として合計）	/10

性犯罪に結びつきやすい生活（こころ・からだの症状編）

性犯罪をした頃の生活で、当てはまるものに○をつけてみましょう。

イライラすることが多かった	
楽しいと感じることが少なかった	
やる気が起きないことが多かった	
孤独感を感じたり、さみしいと思うことが多かった	
笑うことが少なかった	
気持ちが落ちつかない、集中できないことが多かった	
夜、眠れないことが多かった	
性的な想像・妄想をすることが多かった	
刺激的なことがしたいと感じていた	
ストレスを感じていた	
合計（○がついた項目を１点として合計）	/10

性犯罪に結びつきやすい生活②

性犯罪をした頃の生活、こころのバランスをグラフに表してみましょう。

例

テーマ	生活	対人関係	こころ・からだの症状
点数	5	7	8

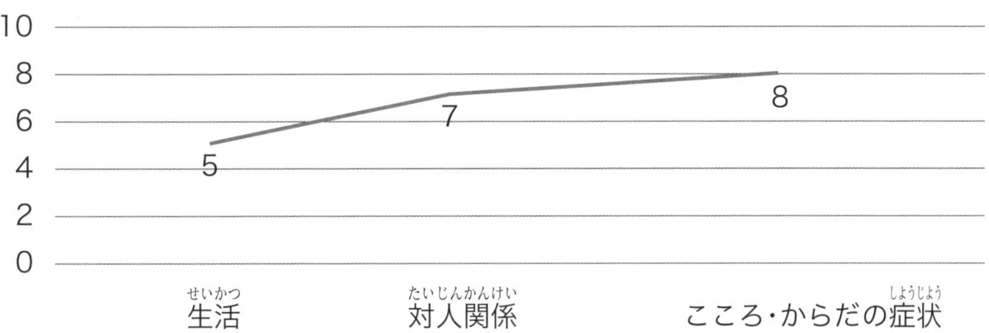

213 ～ 215 ページで記入した点数を表とグラフにしてみましょう。

テーマ	生活	対人関係	こころ・からだの症状
点数			

10
8
6
4
2
0

生活　対人関係　こころ・からだの症状

4 生活リズムとスケジュール

規則正しい生活は、毎日を健康に、また、犯罪をせずに過ごすうえで、とても大切です。1日の、あるいは1週間のスケジュールを立ててみましょう。

スケジュールは、「実行できるぞ」と思えることを書きましょう。無理をして、スケジュール通りに生活しなくても大丈夫ですが、生活のリズムが崩れないようにこころがけましょう。

仕事へ行く日、お休みの日、病院へ行く日……など、いろいろな生活パターンがあると思います。

あなたの生活パターンはいくつあるでしょうか？

生活スケジュールに書く内容

- やらなければいけないこと（仕事、買い物など）
- 食事や睡眠の時間
- 休息の時間
- 趣味の時間　など

5 わたしの生活スケジュール：例

（　仕事　）の日

	スケジュール	メモ
5:00		
6:00	起きる、顔を洗う、着がえる	めざまし時計をセットする
7:00	朝食とかたづけ	
8:00		8:30 にグループホームを出る
9:00	仕事	
10:00	↓	
11:00		
12:00	お昼、休けい	
13:00	仕事	
14:00	↓	
15:00		
16:00	仕事終わり、グループホームに帰る	寄り道をしない
17:00		買い物に行く日もある
18:00	夕食とかたづけ	
19:00	お風呂	
20:00	テレビを見る	
21:00		
22:00	寝る準備をする	22:45 には薬を飲む
23:00	ふとんに入る、寝る	
24:00		
1:00		
2:00		
3:00		
4:00		

わたしの生活スケジュール①

（　　　　　　　　　　　　　　　）の日

	スケジュール	メモ
5:00		
6:00		
7:00		
8:00		
9:00		
10:00		
11:00		
12:00		
13:00		
14:00		
15:00		
16:00		
17:00		
18:00		
19:00		
20:00		
21:00		
22:00		
23:00		
24:00		
1:00		
2:00		
3:00		
4:00		

6-2 わたしの生活(せいかつ)スケジュール②

(　　　　　　　　　　　　　　　　)の日(ひ)

	スケジュール	メモ
5:00		
6:00		
7:00		
8:00		
9:00		
10:00		
11:00		
12:00		
13:00		
14:00		
15:00		
16:00		
17:00		
18:00		
19:00		
20:00		
21:00		
22:00		
23:00		
24:00		
1:00		
2:00		
3:00		
4:00		

6-3 わたしの生活スケジュール③　休日

休日

	スケジュール	メモ
5:00		
6:00		
7:00		
8:00		
9:00		
10:00		
11:00		
12:00		
13:00		
14:00		
15:00		
16:00		
17:00		
18:00		
19:00		
20:00		
21:00		
22:00		
23:00		
24:00		
1:00		
2:00		
3:00		
4:00		

7 スケジュールを守るための工夫

スケジュール通りに生活することは大切ですが、時にはスケジュールの通りに生活ができないこともあるかもしれません。

スケジュールを守るための工夫や、スケジュールが守れなかった時にはどうすればいいかも考えておきましょう。

工夫

- いつも目にする場所にスケジュールを貼っておく
- 朝、起きる時間、寝る前の薬の時間など、時間が決まっているスケジュールについては、アラームをセットする

スケジュールを守れなかった時の対応

- 考えを切りかえて次の予定からはスケジュール通りに行動する
- どうしてできなかったのか原因を考える
- スケジュールが守れなくても、自分を責めたりしない

メモ

第17回のまとめ

- 犯罪行為をしないで過ごすために、これまでに勉強してきたことを復習して、自分に合った予防策（犯罪をしない方法）を考えておきましょう。
- 生活が乱れていると、ささいなことでイライラしたり、気持ちが落ちつかなくなったりして、良くない行動につながりやすくなります。
- 規則正しい生活を送っていれば、からだもこころも良い調子で、安全に過ごすことができます。
- 今日考えたスケジュールを守って規則正しい生活を送りましょう。
- でもどうしてもスケジュールの通りにはできないこともあります。その時はどうしたらよいか、相談しましょう。

（　　　　　　　　　　　　　　　　さんに相談する）

ホームワーク⑰

ワークの中で立てたスケジュール通りに過ごすことはできそうでしょうか。立てたスケジュールの中で、きちんとできたことには○、何日かできたことには△を書きましょう。

また、実際にやってみた感想も書いてみましょう。

立てたスケジュール	○・△
毎日、23時に布団に入る	△

△が多くなったスケジュールは、無理をしている内容かもしれません。見直してみましょう。

感想

第18回

グッドライブズモデル

今回の目的

①メンバーや自分の良いところを知る

②サポートしてくれる人を整理しておく

第 18 回のタイムスケジュール

（分）

1 週間の振り返り（10 分）

☞この 1 週間の出来事を共有する

10 **前回の復習・導入（25 分）**

☞前回の復習をする（12 分）

☞ホームワークを確認・共有する（12 分）

☞第 18 回の目的を確認する（1 分）

35 **前向きな人生（45 分）**

☞❶「グッドライブズモデルとは」の説明を読む（2 分）

☞❷「メンバーの良いところ」を記入する（10 分）

☞メンバーの良いところを発表し、❸「わたしの良いところ」に記入する（15 分）

62 **休憩（10 分）**

72 ☞❹「今のわたしの生活」プリントを記入する（8 分）

☞❺「これからのわたしの人生・わたしの夢」を記入、共有する（10 分）

90 **サポートしてくれる人々（20 分）**

☞❻「困った時は？」の説明を読む（2 分）

☞❼「わたしのサポーター」を記入する（8 分）

☞❽「サポーターに伝えておきたいこと」を記入する（10 分）

110 **このセッションのまとめ（10 分）**

☞ 🍀 第 18 回のまとめ、ホームワークと次回の予定を確認する

120

1 グッドライブズモデルとは

グッドライブズモデルとは、前向きで楽しい生活を送るために、みなさんの良いところや、得意なことを伸ばしていこうという考え方のことです。

普段、なかなか自分の良いところについて考えることはないかもしれませんが、みなさんには必ずたくさんのすぐれたところがあります。

今回のセッションでは、自分の良いところを知り、そして、支援者や周りの人たちにも、もっと自分の良いところを理解してもらえるように、一緒に考えていきましょう。

2 メンバーの良いところ

これまでのセッションを通して、お互いのことをよく知ることができたと思います。メンバーの良いところを考えて、書き出してみましょう。

名前	良いところ
例：○○さん	休憩時間に声をかけてくれた。
さん	
さん	
さん	
さん	
さん	
さん	

第18回

3 わたしの良いところ

みなさんの良いところを、一人ずつ発表していきましょう。

みなさんが教えてくれた自分の良いところは、こんなところです。配布された「わたしの良いところ」が記入されているシールを右側のページに自由に貼ってください。

自分にしかわからない、良いところもたくさんあると思います。自分の良いところも書いてみましょう。

わたしの良いところ

-
-
-
-
-

メンバーが教(おし)えてくれたわたしの良(よ)いところ

-
-
-
-
-

4 今のわたしの生活

今、みなさんは自分の生活について、どう思いますか？　前の自分と比べて、幸せだと感じることはありますか？

毎日、何気なく過ごしていると、自分の生活について深く考えることはあまりないかもしれません。事件を起こした頃と比べながら、今の生活や自分の状況について考えてみましょう。

幸福感尺度

下に書かれている文章について、あなたの考えは右側の４つのどこに当てはまりますか？　当てはまるところに○をつけてください。

例	音楽を聴くことが好きですか	とてもそう思う	ある程度そう思う	あまりそう思わない	まったくそう思わない
		4	3	2	1
①	毎日の生活は楽しいですか？面白いですか？	とてもそう思う	ある程度そう思う	あまりそう思わない	まったくそう思わない
②	昔と比べて今のあなたの生活は……？	とても幸せ	まあまあ幸せ	あまり幸せではない	まったく幸せではない
③	この２、３年のあなたは、どのくらい「幸せだな」と感じていますか？	とても幸せ	まあまあ幸せ	あまり幸せではない	まったく幸せではない
④	物事がうまくできない（進まない）時でも、うまく対応できますか?	だいたいできる	ときどきはできる	ほとんどできない	まったくできない
⑤	ピンチで苦しい場面でも自分で乗り越えられると思いますか？	とてもそう思う	ある程度そう思う	あまりそう思わない	まったくそう思わない
⑥	今と同じようにやっていけばこれからも、うまく乗り越えられると思いますか？	とてもそう思う	ある程度そう思う	あまりそう思わない	まったくそう思わない
⑦	自分が思った通りの生活ができていますか？	とてもそう思う	ある程度そう思う	あまりそう思わない	まったくそう思わない
⑧	これまでの生活について、どの程度うまくやってきたと思いますか？（どの程度成功したり、出世したと思いますか？）	とてもうまくやってきた	まあまあうまくやってきた	あまりうまくやれなかった	まったくうまくやれなかった
⑨	自分がやろうと思ったことは最後までやることができますか？	だいたいできる	ときどきはできる	ほとんどできない	まったくできない
⑩	自分の人生・生活はつまらない（面白くない）と思いますか？	まったくそう思わない	あまりそう思わない	あるていどそう思う	とてもそう思う
⑪	これからの生活や将来について、心配なことや悩みごとがありますか？	まったく心配ではない	あまり心配ではない	少し心配だ	とても心配だ
⑫	自分の人生の毎日の生活がムダなことのように思いますか？	まったくそう思わない	あまりそう思わない	あるていどそう思う	とてもそう思う
⑬	自分は世の中の大切な一人で誰かの役に立っているという気持ちになることがありますか？	とてもそう思う	あるていどそう思う	あまりそう思わない	まったくそう思わない
⑭	とても強く、幸せだなと感じる時がありますか？	とてもよくある	ときどきある	ほとんどない	まったくない
⑮	人類（わたしたちみんな）は一つの大きな家族で自分もその中の一人なんだということに安心しますか？	とてもそう思う	あるていどそう思う	あまりそう思わない	まったくそう思わない

5 これからのわたしの人生・わたしの夢

みなさんそれぞれが良いところを活かし、このプログラムで学んだことを守りながら生活していくことで、これからの人生はよい方向に変わっていくはずです。

これからの人生について、「こうなったらいいな」「こういうことに挑戦したい」というわたしの夢を自由に書いてみましょう。

これからの人生・わたしの夢
例：仕事を見つける、○○の資格をとりたい

6 困った時は？

何か困ったことがあれば、専門の場所で相談するといいでしょう。

どのような時に、どこでどんな支援を得られるのかわからない時は、支援者や家族など、周りの人に相談してみましょう。

日常生活についての相談	
保健センター	・日常生活で困った時に相談できます ・生活に必要な情報を教えてもらえます
相談支援事業所 地域活動支援センター	・日常生活で困った時に相談できます ・いろいろな人と交流できます
寮やグループホーム	・身近なスタッフに日常生活やその他のことでも、困った時に相談できます ・仲間と交流できます

仕事についての相談	
ハローワーク (公共職業安定所)	・働く場所の紹介など、働くためのいろいろな相談ができます
就労支援・生活支援センター 就労移行支援	・働く場所や働き方、日常生活全般について相談ができます ・職業訓練なども受けられます

病気や健康についての相談	
病院	・心身の具合が悪い時に診てもらえます
保健所	・健康についての相談ができます ・無料で性感染症の検査が受けられます

※自治体によって、内容が異なる場合があります

7 わたしのサポーター

第３回では、みなさんの周りの人たちについてまとめました。あなたをサポートしてくれる（助けてくれる）人は、たくさんいます。ここでは、あなたのサポーターの連絡先などを整理しましょう。

	お名前	どんな関係？	連絡先	メモ
例	○○　○○	寮のスタッフ	＊＊－＊＊＊	いつでも会える
①				
②				
③				
④				
⑤				

8 サポーターに伝えておきたいこと

周りの人に適切にサポートしてもらうためには、あなたのことをよく知っておいてもらうことが大切です。サポーターにお願いしたいことや伝えておきたいことを考えてみましょう。

これからどんな生活を送りたいか

-
-
-

手伝ってほしいこと　されたら苦手なこと

-
-
-

されたらいやなこと　自分でやりたいこと

-
-
-

伝えておきたいこと　知っておいてほしいこと

-
-
-

第18回のまとめ

- 誰にでも必ず良いところがあります。自分についても他の人についても、悪いところだけではなく、良いところに注目してみましょう。
- 自分の良いところを活かして、これまでに学んだことを忘れずに誠実に前向きな生活を送っていれば、生活は安定し、信頼できる人と出会えたり、目標に近づくことができるはずです。
- あなたを支援してくれる人はたくさんいます。困ったことがあれば、一人で悩まず、今日まとめたサポーターやサポートしてくれる機関に相談しましょう。

ホームワーク⑱

次回のセッションまでの間に、嬉しかったことや楽しかったことなど、いいことをメモしておきましょう。どんなに小さなことでもいいので、毎日２つ、いいことを見つけてみましょう。

日づけ	良いこと①	良いこと②
例：●月●日（△曜日）	晩ごはんのカレーがおいしかった	今日の天気は晴れだった
月　日（　）		
月　日（　）		
月　日（　）		
月　日（　）		
月　日（　）		
月　日（　）		

幸福感尺度

下に書かれている文章について、あなたの考えは右側の４つのどこに当てはまりますか？　当てはまるところに○をつけてください。

例	音楽を聴くことが好きですか	（○）とてもそう思う	ある程度そう思う	あまりそう思わない	まったくそう思わない
		4	3	2	1
①	毎日の生活は楽しいですか？面白いですか？	とてもそう思う	ある程度そう思う	あまりそう思わない	まったくそう思わない
②	昔と比べて今のあなたの生活は……？	とても幸せ	まあまあ幸せ	あまり幸せではない	まったく幸せではない
③	この2、3年のあなたは、どのくらい「幸せだな」と感じていますか？	とても幸せ	まあまあ幸せ	あまり幸せではない	まったく幸せではない
④	物事がうまくできない（進まない）時でも、うまく対応できますか？	だいたいできる	ときどきはできる	ほとんどできない	まったくできない
⑤	ピンチで苦しい場面でも自分で乗り越えられると思いますか？	とてもそう思う	ある程度そう思う	あまりそう思わない	まったくそう思わない
⑥	今と同じようにやっていけばこれからも、うまく乗り越えられると思いますか？	とてもそう思う	ある程度そう思う	あまりそう思わない	まったくそう思わない
⑦	自分が思った通りの生活ができていますか？	とてもそう思う	ある程度そう思う	あまりそう思わない	まったくそう思わない

⑧	これまでの生活について、どの程度うまくやってきたと思いますか？（どの程度成功したり、出世したと思いますか？）	とてもうまくやってきた	まあまあうまくやってきた	あまりうまくやれなかった	まったくうまくやれなかった
⑨	自分がやろうと思ったことは最後までやることができますか？	だいたいできる	ときどきはできる	ほとんどできない	まったくできない
⑩	自分の人生・生活はつまらない（面白くない）と思いますか？	まったくそう思わない	あまりそう思わない	あるていどそう思う	とてもそう思う
⑪	これからの生活や将来について、心配なことや悩みごとがありますか？	まったく心配ではない	あまり心配ではない	少し心配だ	とても心配だ
⑫	自分の人生の毎日の生活がムダなことのように思いますか？	まったくそう思わない	あまりそう思わない	あるていどそう思う	とてもそう思う
⑬	自分は世の中の大切な一人で誰かの役に立っているという気持ちになることがありますか？	とてもそう思う	あるていどそう思う	あまりそう思わない	まったくそう思わない
⑭	とても強く、幸せだなと感じる時がありますか？	とてもよくある	ときどきある	ほとんどない	まったくない
⑮	人類（わたしたちみんな）は一つの大きな家族で自分もその中の一人なんだということに安心しますか？	とてもそう思う	あるていどそう思う	あまりそう思わない	まったくそう思わない

第19回

プログラムのまとめ

今回の目的

①これまで学んできたことの振り返り

②自分のルールを作って、前向きな人生を送る

第19回のタイムスケジュール

1週間の振り返り（10分）

☞この1週間の出来事を共有する

前回の復習・導入（25分）

☞前回の復習をする（12分）
☞ホームワークを確認・共有する（12分）
☞第19回の目的を確認する（1分）

プログラムのまとめ①②（24分）

☞❶「このプログラムのまとめ①」〈第1回から第4回の振り返り〉の説明を聞く（4分）
☞❷「このプログラムのまとめ②」〈第5回から第10回の振り返り〉の説明を聞く（6分）
☞❸「違法な性行動を行わないためには」〈第5回の振り返り〉を記入する（6分）
☞❹「自分の考え方のクセ」〈第8回の振り返り〉を記入する（8分）

休憩（10分）

プログラムのまとめ③（41分）

☞❺「このプログラムのまとめ③」〈第11回から第18回の振り返り〉の説明を聞く（4分）
☞❻「犯罪への黄色信号」〈第13回の振り返り〉を記入する（6分）
☞❼「再犯防止計画」〈第16回の振り返り〉を記入する（10分）
☞❽「普段から実践できること」〈第17回の振り返り〉を記入する（15分）
☞❾「わたしの良いところ」「これからのわたしの人生」〈第18回の振り返り〉を記入する（6分）

このセッションのまとめ（10分）

☞プログラムに参加した感想を発表、共有する
☞ホームワークと次回の予定を確認する

1 このプログラムのまとめ①

これまでのセッションで勉強してきた内容を、簡単に振り返りましょう。覚えていない内容があれば、もう一度ワークブックを見直して思い出してみましょう。すべて大切な内容です。

●第1回　プログラムを始めるにあたって

プログラムを始めるみなさまへ　自己紹介　グループのメンバー1週間の振り返り　どんなグループでしょうか？　ルールを決めましょう　グループのルール　このプログラムでの約束事　このプログラムでお願いしたいこと

●第2回　こころとからだの成長と性の健康

からだの器官の名前と働き　おとなへの変化　女性のからだ　マスターベーション（一人エッチ）　自由と責任　性行為とは・性行為によって起こること　妊娠と避妊　性感染症とは？　安全なセックスと危険なセックス

●第3回　関係性のいろいろ ― 社会的関係の理解

あなたの周りの人間関係①②　相手と会話の内容　人間関係のあれこれ①②　人間関係と性的関係　私的と公的　人間関係の中にあるルール

●第4回　知っておきたい性のルール

服を脱いでもよい場面、いけない場面①②③　さわってもよい人、さわってもよい場面①②　性行為をしてはいけない相手　性行為をしてはいけない場面

2 このプログラムのまとめ②

●第5回　違法な性行動

違法な（やってはいけない）性行動①②③④　自分が行った違法な性行動について①②　違法な性行動をするとどうなる？　違法な性行動による生活の変化　より良い生活を続けるために（3・249ページへ）

●第6回　相手の気持ちと性行為

自分の気持ちと相手の気持ち　相手の気持ちとは？　行動したい？行動したくない？　「いいよ／YES」それとも「いやです／NO」「いやです／NO」のサイン　相手の気持ちを尊重する①②　相手の気持ちを判断する練習をしよう　「いいよ／YES」と言ってもらうために　気持ちの確認と性行為①②

●第7回　いやなことをされた時どう感じる？ ―― 被害者への共感

「被害を受ける」ってどういうこと？　「被害を受けた」時、どう感じる？　被害者として自分がされたこと　あなたを傷つけた人はどう感じていた？　相手の気持ちがわかるって？①②　みんなで考えてみよう①②　性被害を受けて感じること　自分の事件について振り返る　加害者の周りの人　大切な人が被害者になったら

2 このプログラムのまとめ②（つづき）

●第8回　考え方のクセととらえ方（認知）の歪み――「否認と最小化」
第9回　性犯罪に関連した考え方のクセととらえ方（認知）の歪み
（4・250ページへ）

もしも自分だったなら？　Aさんになって考えてみよう　悪いことを認めるのが難しい理由　自分がしたことを認められない理由　毎日の生活にある「否認」と「最小化」　こんな時、どんなふうに考えますか？　性犯罪に関連したとらえ方（認知）の歪み①②　わたしの考え方のクセについて考える　性犯罪に関連したとらえ方（認知）の歪みと否認と最小化

●第10回　行動のABC

毎日の行動って、どういう仕組み？①②　ABCモデルの例――日常生活編①②　ABCモデルの例――犯罪行動編　ABCモデルの例――結果を変える①②　ABCモデルで自分の事件を整理する

3 違法な性行動を行わないためには

●第５回　「違法な性行動を行わないためには（より良い生活を続けるために）」

第５回で考えた、違法な性行動を行わないために気をつけることを、改めて書いてみましょう。前回書いた内容と変わっていてもかまいません。

違法な性行動を行わないためには、どんなことに気をつけたらいいと思いますか？

第19回

4　自分の考え方のクセ

●第８回　「わたしの考え方のクセ」（プリント）

第８回では、プリントを使って自分の考え方のクセを確認しました。セッションで配った、色分けされたプリントを見て、自分の考え方のクセには否認と最小化のどちらが多いのか、○をつけましょう。

否認　・　最小化

５種類の考え方の歪みについても学びました。

自分に当てはまるとらえ方（認知）の歪みがどれか、○をつけてみましょう。

	被害者意識（相手や周りのせいにする）
	共感力不足（被害者の苦しみや恐怖がわからない）
	道徳・ルールの軽視（守るべきルールを軽視したり、善悪を考えずに行動する）
	超楽観主義（よく考えずに行動する）
	所有権／支配欲（相手を自分の物のように考えて、好き勝手に利用する）

5 このプログラムのまとめ③

●第11回、第12回　思考・感情・行動モデル①②

ABCモデルの復習　ABCモデルと考え・気持ち　行動の背景にある考えと気持ち　思考・感情・行動モデルとは　思考・感情・行動モデル――思ったこと、感じたことを言葉にする　思考・感情・行動モデル――考えと気持ちを区別する　思考・感情・行動モデル――まとめ①②　悪い行動につながる考えと気持ち　行動を変える①②③　思考・感情・行動モデルを使って自分の事件を整理する①②

●第13回　思考・感情・行動モデル③

悪い行動と良い行動をした時の違い①②③　犯罪への黄色信号①②　犯罪への黄色信号の対処法①②（6・253ページへ）

●第14回　対処方略　マインドフルネス

マインドフルネスとは　自分の中に注意を向ける　気持ちを見つめて、手放す①②③④　その他のリラックス方法①②　犯罪への黄色信号の対処プラン

●第15回、第16回　リラプスプリベンション①②

リラプスプリベンションとは　犯罪につながる4つの段階①②③④　4段階モデル――性犯罪以外の例　4段階モデル――性犯罪以外の例を考える①②　4段階モデル――性犯罪の例　4段階モデルを使った再犯防止計画　4段階モデル――自分の事件　問題を起こさないための対処法・計画　わたしの再犯防止計画（7・254ページへ）

5 このプログラムのまとめ③（つづき）

●第17回　リラプスプリベンション③

性犯罪を起こさないためにできること　性犯罪を起こさないためにできることリスト　性犯罪に結びつきやすい生活①②　生活リズムとスケジュール　わたしの生活スケジュール①②③　スケジュールを守るための工夫（8・255ページへ）

●第18回　グッドライブズモデル

グッドライブズモデルとは　メンバーの良いところ　わたしの良いところ　今のわたしの生活　これからのわたしの人生・わたしの夢　困った時は？　わたしのサポーター　サポーターに伝えておきたいこと（9・256ページへ）

6 犯罪への黄色信号

●第13回　「犯罪への黄色信号②」
「犯罪への黄色信号の対処法②」

みなさんの犯罪への黄色信号は何でしたか？　黄色信号に気づいた時にどうしたらよいか、その方法ももう一度まとめておきましょう。

犯罪への黄色信号

・

・

・

・

犯罪への黄色信号に気づいた時の対処法（どうすればよいか）

・

・

・

・

7 再犯防止計画

●第16回「わたしの再犯防止計画」

第16回「5 わたしの再犯防止計画」では、問題を起こさないための計画を立てました。もう一度、整理しておきましょう。

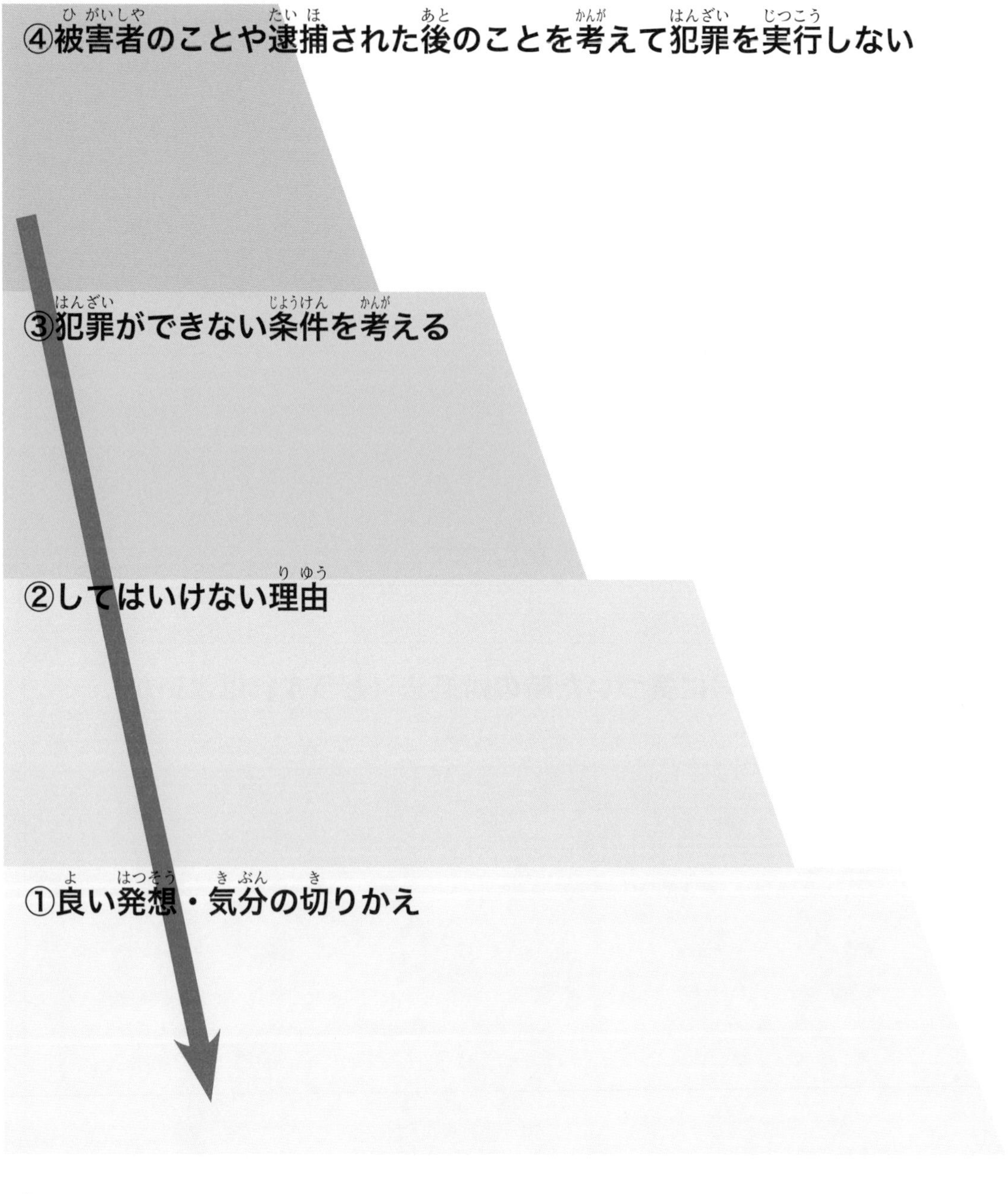

④被害者のことや逮捕された後のことを考えて犯罪を実行しない

③犯罪ができない条件を考える

②してはいけない理由

①良い発想・気分の切りかえ

8 普段から実践できること

●第 17 回 「性犯罪を起こさないためにできることリスト」「スケジュールを守るための工夫」

性犯罪を起こさないためにできることにはどんなことがありましたか？ 毎日の生活の中で気軽にできそうなことをいくつか選んでみましょう。

毎日の生活でできること

•

•

•

スケジュールを守るための工夫のうち、自分に合った方法をまとめておきましょう。

工夫

スケジュールを守れなかった時の対応（どうすればよいか）

9 わたしの良いところ・わたしの人生

●第18回　「わたしの良いところ」
「これからのわたしの人生・わたしの夢」

第 18 回では、みなさんの良いところを他のメンバーから教えてもらいました。どんなことがあったか、もう一度思い出してみましょう。

メンバーが教えてくれた、わたしの良いところ

・
・
・
・
・
・

これからのわたしの人生・わたしの夢

ホームワーク⑲

これまで、18回のプログラムを通してたくさんのことを学んできました。

今回振り返りをしてみて、しっかり理解できている内容や、難しいと思った内容など、いろいろあったと思います。

サポートしてくれるスタッフと一緒に、

①よくわかっている、うまく実践できているところ

②難しいと思ったところ、復習したいと思ったところ

をそれぞれ整理して書き出してみましょう。

よくわかっている、うまく取り組めているところ

・

・

・

・

難しい、復習したいと思ったところ

・

・

・

・

第20回

プログラムのまとめ②

今回の目的

①これまで学んできたことを振り返る

②自分のルールを作って、前向きな人生を送る

第20回のタイムスケジュール

（分）

1週間の振り返り（10分）

☞この1週間の出来事を共有する

10

前回の復習・導入（25分）

☞前回の復習をする（12分）

☞ホームワークを確認・共有する（12分）

☞第20回の目的を確認する（1分）

35

プログラムを通して変わったこと（25分）

☞❶「新しい自分・これからの自分」を記入、共有する

60

休憩（10分）

70

これからの人生に向けて（25分）

☞❷「自分を支えてくれる人への約束と目標」を記入、共有する

95

プログラムの感想（15分）

☞❸「プログラムに参加した感想」を発表、共有する

110

このセッションのまとめ（10分）

☞ 🍀 第20回のまとめ

120

☞修了証を授与する

1 新しい自分・これからの自分

みなさんは、これまでのプログラムを通して、多くのことを学んできました。プログラムに参加する前と比べて、どのようなところが変わったでしょうか。当てはまるものにチェックをつけてみましょう。

プログラムの中で変わったところ、良くなったところ	✓
①性に関する病気や避妊の方法がわかる	
②私的な場所と公的な場所の違いを区別できる	
③服を脱いだり人にさわることの社会的ルールを理解している	
④性行為をしてはいけない相手について理解している	
⑤違法な性行動とは、どのような行動か理解している	
⑥相手の「いいよ／YES」「いやです／NO」のサインがわかる	
⑦被害を受けた人の気持ちを考えることができる	
⑧自分の考え方のクセを理解している	
⑨どうして違法な性行動をしてしまうのか説明できる	
⑩行動や行動によって起こる結果を変える方法がわかる	

プログラムの中で変わったところ、良くなったところ	✓
⑪自分の犯罪への黄色信号に気がつくことができる	
⑫気持ちが落ちつかない時の対処法がわかる	
⑬犯罪につながる４つの段階を説明できる	
⑭問題を起こさないための計画を守って生活できる	
⑮生活のリズムを意識して過ごすことができる	
⑯自分の良いところを知り、自信を持てるようになった	
⑰今までよりもサポーターに自分のことを伝えることができる	
⑱前向きで安定した生活をイメージできる	

どれくらいチェックがつきましたか？　チェックをつけられなかったところや、チェックをつけるか迷ったところがあれば、もう一度ワークブックを見直して、自信を持ってすべてにチェックをつけられるとよいですね。

2 自分を支えてくれる人への約束と目標

違法な性行動をしたり、誰かを傷つけたりしないために、どんなことができたらよいでしょうか。「これは守らないといけない」という約束と、「こういうことをしていきたい」という目標を、自分自身と、あなたを支えてくれる人への約束として書いておきましょう。

絶対に守る約束

こうできたらいいなという目標

自分のサイン： ____________________

支援者のサイン： ____________________

3 プログラムに参加した感想

みなさんで一緒に取り組んできたプログラムも、そろそろ終わりです。

プログラムでこれまで学んだことや、メンバーや支援者の気持ちなど、思いついたことを自由に話し合ってみましょう。

「いいな！」と思った意見や感想はメモしておきましょう。

メモ

第20回のまとめ

これまで、みなさんは長い時間をかけて、たくさんのことを学んできました。難しいところもあったかもしれませんが、それぞれのメンバーが、自分の「犯罪行為」を振り返り、どうすれば同じことをくり返さないで過ごせるのかを考えました。

また、たくさんの仲間や支援者とも知り合うことができ、自分の良いところもわかりましたね。

これからは、ここで学んだいろんな方法を使いながら、自分に自信を持って、正しい生活を送ってください。

あなたを助けてくれる人はたくさんいます。

困ったことは、一人で悩まずに何でも相談してください。

メンバーそれぞれが、最後まで頑張ったことは全員の誇りです。

参加者氏名

＿＿＿＿＿＿＿＿＿＿＿＿＿＿＿殿

あなたは、

「SPIRITS（Sexual offender Preventive Intervention and Re-integrative Treatment Scheme）

（　　　　　　　　　　　　　　）グループ」に参加し，

本プログラムを修了されたことを証明いたします。

修了日：＿＿＿＿＿＿年＿＿月＿＿日

※この修了証は，あなたがこのプログラムを最後まで受けたことを証明するものです。お手元に保管してください。

【参考文献】

・Alison Stickrod Gray, William D. Pithers：Relapse prevention with sexually aggressive adolescents and children：Expanding treatment and supervision. Guilfond Press, New York, 1993.

・David Finkelhor：Child sexual abuse：new theory and research. Free Press, New York, 1984.

・D. Richard Laws, Stephen M. Hudson, Tony Ward：Remarking relapse prevention with sex offender A Soursebook. Sage Publication, Los Angels, 2000.

・Edmund Jacobson：Progressive Relaxation：A Physiological & Clinical Investigation of Muscular States and Their Significance in Psychology and Medical Practice. University of Chicago Press, Chicago, 1938.

・伊藤修毅（編著）：イラスト版発達に遅れのある子どもと学ぶ性のはなし——子どもとマスターする性のしくみ・いのちの大切さ．合同出版，東京，2013.

・伊藤裕子，相良順子，池田政子ほか：主観的幸福感尺度の作成と信頼性・妥当性の検討．心理学研究，74（3）；276-281, 2003.

・Jenkins-Hall, K. D.：The decision matrix. In D. Richard Laws（Ed.）：Relapse Prevention with Sex Offenders（pp.159-166）. Guilford Press, New York, 1989.

・Joseph Wolpe：Psychotherapy by Reciprocal Inhibition. Stanford University Press, CA, 1958.

・クリシャン・ハンセン，ティモシー・カーン（著），本多隆司ほか（訳）：性問題行動のある知的障害者のための16ステップ——「フットプリント」心理教育ワークブック．明石書店，東京，2009.

・熊野宏昭：新世代の認知行動療法．日本評論社，東京，2012.

・熊野宏昭：実践！ マインドフルネス——今この瞬間に気づき青空を感じるレッスン．サンガ，仙台，2016.

・Kurt M. Bumby：Assessing the cognitive distortions of child molesters and rapists：Development and validation of the MOLEST and RAPE Scales. Sexual Abuse：A Journal of Research and Treatment, 8；37-54, 1996.

・法務省：性犯罪者処遇プログラム研究会報告書；平成 18 年 3 月．http://www.moj.go.jp/content/000002036.pdf（2020 年 9 月 9 日参照）

・法務省矯正局作成プログラム（JUMP）

・Howard E. Barbaree, William L. Marshall：The Juvenile Sex Offender, Second Edition. Guilford Press, New York, 2005.

・宮口幸治，川上ちひろ：性の問題行動をもつ子どものためのワークブック——発達障害・知的障害のある児童・青年の理解と支援．明石書店，東京，2015.

・Neil Sinclair, Sarah-Jane Booth, Glynis Murphy（著），安藤久美子（監訳）：性犯罪のリスクがある知的障害者向けの認知行動療法 治療マニュアル．2015.

・Neil Sinclair, Sarah-Jane Booth, Glynis Murphy（著），安藤久美子（監訳）：性犯罪のリスクがある知的障害者向けの認知行動療法，資料編．2016.

・Neil Sinclair, Sarah-Jane Booth, Glynis Murphy（著），安藤久美子（監訳）：性犯罪のリスクがある知的障害者向けの認知行動療法．厚生労働科学研究費補助金障害者対策総合研究事業，青年期・成人期発達障害の対応困難ケースへの危機介入と治療・支援に関する研究，2015.

・S. L. Broxholme, William R. Lindsay：Development and preliminary evaluation of a questionnaire on cognitions related to sex offending for use with individuals who have mild learning disabilities. Journal of Intellectual Disability Research 47（Pt 6）：472-82, 2003.

・スティーブン・C・ヘイズ，スペンサー・スミス（著），武藤崇ほか（訳）：ACT（アクセプタンス & コミットメント・セラピー）をはじめる——セルフヘルプのためのワークブック．星和書店，東京，2010.

・鈴木伸一，神村栄一（著），坂野雄二（監修）：実践家のための認知行動療法テクニックガイド——行動変容と認知変容のためのキーポイント．北大路書房，京都，2005.

・William H. George, G. Alan Marlatt：Introduction. In D. Richard Laws（Ed.）：Relapse Prevention Sex Offenders（pp.1-34）. Guilfond Press, New York, 1989.

・William L. Marshall, Dana Anderson, Yolanda Fernandez：Cognitive Behavioural Treatment of Sexual Offenders, Wiley Series in Forensic Clinical Psychology. John Wiley & Sons, New Jersey, 1999.

・William Lamont Marshall, D. R. Laws, Howard E. Barbaree：Handbook of Sexual Assault：Issues, Theories, And Treatment Of The Offender. Springer, Berlin, 1990.

■著者

安藤 久美子（あんどう くみこ）

医師（医学博士）。聖マリアンナ医科大学 神経精神科学教室 准教授。
東京医科歯科大学大学院卒業後，北米に留学し司法精神医学を学ぶ。帰国後は医療少年院にて矯正医療に携わった後，国立精神・神経医療研究センター医療観察病棟および司法精神医学研究部にて司法精神医学／精神鑑定研究に従事した後，2017年4月より現職（2024年7月より，東京医科歯科大学）。専門は司法精神医学，児童精神医学。

中澤 佳奈子（なかざわ かなこ）

臨床心理士・公認心理師（医学博士）。筑波大学人間系特任助教。
早稲田大学大学院修了後，国立精神・神経医療研究センター病院，精神保健研究所司法精神医学研究部にて勤務。在職中に山梨大学大学院医学工学総合研究科を修了。医療法人Epsylon水戸メンタルクリニックにて，心理臨床活動の実践を重ね，2022年より現職。専門は臨床心理学（認知行動療法）。

佐藤 美智子（さとう みちこ）

保育士。国立研究開発法人国立精神・神経医療研究センター病院 研究補助。
藤女子大学人間生活学部卒業。保育士として，東京都内を中心とした子育て支援に従事しながら，司法精神医学分野の研究にも幅広く携わっている。2017年より現職。

本書の印税は，全額を公益社団法人全国被害者支援ネットワークに寄付する。

SPIRiTS ワークブック

2024年5月15日　初版第1刷発行

著　者　安藤 久美子，中澤 佳奈子，佐藤 美智子
発行者　石 澤 雄 司
発行所　株式会社 星 和 書 店
〒168-0074　東京都杉並区上高井戸1-2-5
電話　03（3329）0031（営業部）／03（3329）0033（編集部）
FAX　03（5374）7186（営業部）／03（5374）7185（編集部）
http://www.seiwa-pb.co.jp

印刷・製本　中央精版印刷株式会社

　ISBN978-4-7911-1134-3